FVA

Hans Christoph Buch in der Frankfurter Verlagsanstalt

REISE UM DIE WELT IN ACHT NÄCHTEN, Roman
TOD IN HABANA, eine Erzählung
BARON SAMSTAG ODER DAS LEBEN NACH DEM TOD, Roman

HANS CHRISTOPH BUCH

BOAT PEOPLE

LITERATUR ALS GEISTERSCHIFF

BERNER POETIKVORLESUNG

FRANKFURTER VERLAGSANSTALT

Für Oliver Lubrich, der mir dieses Buch abverlangt hat

FSC
www.fsc.org
MIX
Papier aus verantwortungsvollen Quellen
FSC® C014496

1. Auflage

Herstellung und Umschlaggestaltung: Laura J Gerlach
Umschlagmotiv: © Florian Heinke
Druck und Bindung: GGP Media GmbH, Pößneck
Printed in Germany
ISBN 978-3-627-00207-7

INHALT

UNSTET UND FLÜCHTIG SOLLST DU SEIN

Vorbemerkung

»Boat People« – seit dem Massenexodus von Armutsflüchtlingen aus Haiti und politisch Verfolgten aus Vietnam hat der Begriff einen tiefgreifenden Bedeutungswandel durchgemacht. Ursprünglich bezeichnete er polynesische Wassernomaden, die mit ihren Auslegerbooten die Inseln des Südpazifiks bevölkerten, oder in Hausbooten und Dschunken lebende Binnenschiffer in Asien. Heute aber steht er stellvertretend für Asylsuchende aus Kriegs- und Krisengebieten, die auf der Suche nach menschenwürdigen Lebensbedingungen an den Küsten Südeuropas stranden. Oft geraten sie vom Regen in die Traufe und werden gegen ihren Willen in ihre Herkunftsländer repatriiert, oder sie ertrinken im Meer und werden tot an Land gespült: Die Dunkelziffer geht in die Tausende, und der Ortsname Lampedusa wurde zum Synonym für den menschenverachtenden Umgang mit Flüchtlingen aus Afrika und anderswoher, die sich, ihre Ersparnisse opfernd, Schlepperbanden anvertrauen, um in überladenen Booten illegal nach Europa zu gelangen. »Unstet und flüchtig sollst du sein«, sagt der zornige Gott im Alten Testament, und die Unterscheidung von Wirtschaftsemigranten und Arbeitsimmigranten, Kriegsflüchtlingen und internen Vertriebenen ist zur akademischen Spitzfindigkeit geworden, die nur noch der Abwehr unerwünschter Einwanderer dient. Dass die Schiffbrüchigen auf dem von Théodore Géricault gemalten *Floß der Medusa*, dass französische Hugenotten und böhmische Protestanten einst ähnliche Schicksale erlitten, wird erfolgreich verdrängt, ganz zu schweigen von den Flüchtlingstrecks, die vor der Roten Armee aus ehemals deutschen Ostgebieten flohen.

Aber nicht von diesem höchst realen Elend soll hier die Rede sein, sondern von seiner Widerspiegelung in Kunst und Literatur, von literarischen Boat People also. Es genügt, eine virtuelle Gemäldegalerie aufzusuchen und eine Folge berühmter Bilder zu betrachten, von Caspar David Friedrich bis zu Arnold Böcklin und von Théodore Géricault über Raoul Dufy bis zu H. C. Westermann, um auf einen Blick zu sehen, dass es sich nicht um marginale Abwege oder Seitenstränge handelt, sondern um ein zentrales Motiv, das zum Mainstream der europäischen Kulturgeschichte gehört, von Gilgamesch und den Argonauten bis zu postmoderner Kunst und Literatur. Aber ich will und kann das Ergebnis der vorliegenden Untersuchung nicht vorwegnehmen. Nur so viel sei gesagt: Die Werke, die hier unter die Lupe genommen werden, haben allesamt kanonischen Rang – selbst dann, wenn Autoren wie Reinhard Goering oder Jens Rehn heute der Vergessenheit anheimgefallen sind. Ihre Bücher sind in bedeutenden Verlagen erschienen und/oder im Internet abrufbar. Ich habe deshalb auf einen ausführlichen Anmerkungsapparat verzichtet und die von mir untersuchten Texte nach den in der Bibliographie angeführten Quellen zitiert, ohne einen Unterschied zu machen zwischen Primär- und Sekundärliteratur. Die Keimzelle des vorliegenden Buchs – das Kapitel über Wilhelm Hauff – erwuchs aus meinem Beitrag zu einer Festschrift für Gert Mattenklott (*Umwege – Ästhetik und Poetik exzentrischer Reisen*, hg. von Oliver Lubrich u. a., Bielefeld 2008), der mir den Anstoß zur Beschäftigung mit dem Thema gab. Ihm und seinem Berner Kollegen Yahya Elsaghe sei deshalb ausdrücklich gedankt.

Postskriptum

In der Regel haben Poetikvorlesungen nicht viel mit Poetik und noch weniger mit Poesie zu tun. Es sind Tage der offenen Tür, an denen geneigte Leser – falls es die noch gibt – dem Dichter – falls es den noch gibt – beim Dichten über die Schulter schauen, eine Mischung aus Writer's Workshop und Atelierbesuch. Statt des Tags der offenen Tür plädiere ich für die lange Nacht der Museen, weil jede Kunstausübung – Schreiben, Malen, Musizieren usw. – ein Echo der Kunst der Vergangenheit ist. Geschichte und Gegenwart sind nicht durch eine Berliner Mauer getrennt, im Gegenteil: Die Gegenwartsliteratur entsteht aus dem Dialog mit der Vergangenheit, die sie fortschreibt – oder auch nicht. »Alles schon da gewesen«, wie der Rabbi Ben Akiba im gleichnamigen Stück von Gutzkow sagt. Deshalb blättere ich auf den folgenden Seiten ein wenig bekanntes Kapitel der Literaturgeschichte auf, das mich schon deshalb fasziniert, weil es auf vielfache Weise mit meiner Arbeit verknüpft ist: Was für Spuren es dort hinterließ, mögen andere herausfinden – als Autor bin ich betriebsblind und befangen gegenüber der eigenen Produktion. Dass das vorliegende Buch Überlegungen aus meiner Frankfurter Poetikvorlesung »Die Nähe und die Ferne – Bausteine zu einer Poetik des kolonialen Blicks« (1991) aufgreift und weiterführt, versteht sich von selbst.

(Dezember 2013)

I. MÄRCHEN STRECKTE DIE HAND AUS

Von Sindbad zu Wilhelm Hauff

1

> Märchen streckte die Hand aus und beschrieb mit dem Zeigefinger viele Zeichen in die Luft. Da sah man bunte Gestalten vorüberziehen: Karawanen mit schönen Rossen, geschmückte Reiter, viele Zelte im Sand der Wüste; Vögel und Schiffe auf stürmischen Meeren; stille Wälder und volkreiche Plätze und Straßen; Schlachten und friedliche Nomaden; sie alle schwebten in belebten Bildern, in buntem Gewimmel vorüber.

Im Vorspann zu Wilhelm Hauffs Märchenalmanach *Die Karawane* tritt das personifizierte Märchen auf als älteste Tochter der Phantasie und versetzt mit ihren wundersamen Gebärden die Wächter am Stadttor in Schlaf. Die Erbfeindschaft zwischen Sesshaften und Nomaden, Orient und Okzident scheint hier auf und wird buchstäblich im Handumdrehen durch die Gesten des Mädchens beigelegt, ebenso wie der Gegensatz zwischen Kunstmärchen und Volksmärchen, der seit den Tagen der Gebrüder Grimm gelehrten Streit erregt. Dabei waren deren Märchen weder völkisch noch deutsch und stammten von einer Gewährsfrau, deren Großeltern vor religiöser Verfolgung aus Frankreich nach Hessen geflohen waren. Erst die sprachliche Bearbeitung durch die Gebrüder Grimm gab den Texten ihre heutige Gestalt und hat aus Erzählungen einer französischen Hugenottin deutsche Märchen gemacht. Ähnliches gilt für Wilhelm Hauff, dessen Kunstmärchen – *Zwerg Nase*, *Kalif Storch*, *Wirtshaus im Spessart* – im öffentlichen Bewusstsein längst zu Volksmärchen geworden sind. Aus Sicht der Romantiker bestand kein prinzipieller Unterschied zwischen Gefundenem und Erfundenem, Angelesenem und Aufgelesenem, genauso wenig wie zwischen einem deutschen Volkslied und einem Märchen aus *Tausendundeine Nacht*. Wichtigstes Kriterium war die literarische Authentizität, und der Gegensatz von räumlicher Nähe und Ferne, Gegenwart und Vergangenheit schien ebenso obsolet wie der zwischen individueller und kollektiver Phantasie in einer Zeit, da die Throne der Mächtigen noch auf Poesie beruhten und Dichtung als Ausdruck der Volksseele galt.

Wilhelm Hauffs Märchen lassen sich – wie die Brentanos – nur schwer auf reale Vorbilder zurückführen, aber sie sind auch nicht völlig aus der Luft gegriffen. Das lässt sich besonders gut studieren am Beispiel der *Karawane* – das erste Buch, das ich mit fünf oder sechs Jahren selbstständig las und dessen Lektüre mich gleichzeitig faszinierte und abstieß. Ich erinnere mich noch, dass ich statt Karawane »Karawamene« sagte und das Wort »nebst« nicht verstand. Am tiefsten eingeprägt hat sich mir das Märchen vom *Gespensterschiff* wegen des an den Mastbaum genagelten Kapitäns, dessen von Bertall gezeichnetes Bild mich in Angst und Schrecken versetzte.

Worum geht es? Nach dem Tod seines Vaters schifft ein junger Kaufmann sich zusammen mit seinem alten Diener nach Indien ein. Auf hoher See begegnet ihnen ein geisterhaftes Schiff, von dessen Deck während eines heraufziehenden Sturms Gelächter schallt – ein böses Omen für den Kapitän, der sich mit den Passagieren in Sicherheit zu bringen versucht. Vergeblich – sein Schiff geht unter, die Mannschaft ertrinkt, und der Kaufmann klammert sich zusammen mit seinem Diener an ein kieloben treibendes Boot. Das Geisterschiff kommt in Sicht, und die beiden klettern über ein herabhängendes Tau an Bord. Auf dem blutüberströmten Deck liegen Leichen, die sich nicht von der Stelle bewegen lassen:

> Nicht einmal laut zu sprechen wagten wir aus Furcht, der tote, am Mast angespießte Kapitano möchte seine starren Augen nach uns hindrehen oder einer der Getöteten möchte seinen Kopf umwenden.

Der Schrecken weicht unverhoffter Freude, und schnöde Gewinnsucht verdrängt die Todesangst:

> Überall fanden wir herrliche Vorräte in Seide, Perlen, Zucker usw. Ich war vor Freude über diesen Anblick außer mir, denn da niemand auf dem Schiff war, glaubte ich, alles mir zueignen zu dürfen.

Aber das Glück ist nicht von Dauer: Wie im Horrorfilm kehrt das Grauen zurück und steigert sich zur schockartigen Erkenntnis des Auseinanderfallens von Raum und Zeit:

> So waren wir mehrere Tage auf dem Schiffe; (...) bei Nacht schien es immer wieder zurückzukehren, denn wir befanden uns immer wieder am nämlichen Fleck, wenn die Sonne aufging. Wir konnten uns dies nicht anders erklären, als dass die Toten jede Nacht mit vollem Winde zurücksegelten.

Ibrahim, der treue Diener, weiß Rat: Bei Einbruch der Dunkelheit umwickelt er die gerefften Segel mit Koransuren, und ein günstiger Wind treibt das Schiff zur indischen Küste. Die Reisenden gehen an Land und konsultieren einen zauberkundigen Mann namens Muley, der ihnen erklärt, der Bann sei nur zu brechen, wenn sie die Toten von Bord schafften und in geweihter Erde bestatteten. Er gibt ihnen Sklaven mit auf den Weg, um die Bretter zu zersägen, an denen die Leichname haften, doch an Land gebracht, zerfallen diese sofort zu Staub. Nur der Abtransport des Kapitäns macht Schwierigkeiten, weil der durch die Stirn getriebene Nagel sich nicht herausziehen lässt. Muley häuft ihm Erde auf den Kopf, der Tote schlägt die Augen auf und sagt einen Satz, der den zahllosen Variationen des Totenschiff-Motivs als Motto voranstehen könnte:

> Dank dir, unbekannter Fremdling; du hast mich von langen Qualen errettet. Seit fünfzig Jahren schifft mein Leib durch diese Wogen, und mein Geist war verdammt, jede Nacht in ihn zurückzukehren. Aber jetzt hat mein Haupt die Erde berührt, und ich kann versöhnt zu meinen Vätern gehen.

Bevor auch er zu Staub zerfällt, erklärt der Kapitän, worauf der Fluch zurückzuführen ist. Unterwegs nahm er einen Derwisch an Bord, den er, als der Heilige ihm seinen sündigen Lebenswandel vorwarf, im Zorn tötete:

> Sterbend verwünschte er mich und meine Mannschaft, nicht sterben und nicht leben zu können, bis wir unser Haupt auf die Erde legen.

Daraufhin meutern die Matrosen und nageln den Kapitän an den Mast, um sich anschließend gegenseitig zu massakrieren.

Nachdem er die sterblichen Überreste des Kapitäns beigesetzt hat, verkauft der Reisende die auf dem Schiff befindlichen Waren mit Gewinn und kehrt zusammen mit seinem Diener als reicher Mann nach Hause zurück.

Ich habe den Inhalt so ausführlich referiert, weil das Märchen von Wilhelm Hauff viele Motive bündelt, die in Form steuerlos umherdriftender Toten- und Gespensterschiffe seit Jahrhunderten durch die Literaturgeschichte geistern – von Coleridge, Baudelaire und Rimbaud bis zu Enzensberger, Grass und Noteboom – um nur die bekanntesten Namen zu nennen (vgl. das Literaturverzeichnis am Ende des vorliegenden Buchs). Und es ist bezeichnend, dass und wie diese und andere Autoren unbewusst oder ungewollt einen Kanon reproduzierten, der ihnen im Augenblick der Niederschrift nicht vor Augen stand und den sie, wenn überhaupt, nur bruchstückhaft kannten – so, als schrieben die Gedichte und Geschichten sich von selber fort. Nur selten liegt der Bezug zur Tradition so deutlich auf der Hand wie in Richard Wagners Oper *Der fliegende Holländer*, die auf einen Text von Heine zurückgeht, oder im kreativen Schock, den Rimbauds *bateau ivre* bei einer Plejade expressionistischer Dichter auslöste – von Paul Zech bis zu Benn und Brecht (s. hierzu: Alfred Hübner: *Das Weltbild im Drama Paul Zechs*, Bern/Frankfurt a. M. 1975).
Doch bevor ich mich den weiteren Verästelungen dieses Stoffs zuwende, der seit Jahrhunderten schier unüberschaubar fortwuchert, kehre ich an den Ausgangspunkt meiner Überlegungen zurück.

2

Als Anreger für Hauffs *Gespensterschiff* kommen vor allem Märchen aus *Tausendundeine Nacht* in Frage, genauer gesagt: Die Geschichten der 536. bis 566. Nacht, die unter dem Namen ihres Hauptheldes Sindbad in die Literatur eingegangen sind. Diese laufen nach immer demselben Muster ab: Die Rahmenhandlung spielt in Bagdad, wo der reiche Kaufmann Sindbad seinem Namensvetter, einem armen Lastträger, von seinen Reisen erzählt, die mit der Einschiffung in Basra beginnen und stets mit glücklicher Heimkehr enden: Sindbad dankt Allah, dass dieser seine Geschäfte gesegnet und ihn aus Gefahren gerettet hat, beschenkt Witwen und Waisen und lädt seine Freunde zum Gastmahl ein.

Auch Wilhelm Hauff lässt die Seefahrt in Basra beginnen, im Text Balsora genannt, aber das Märchen vom *Gespensterschiff* ist eingebettet in die Geschichte einer Karawane, deren Mitglieder, reisende Kaufleute, Abenteuer aus ihrem Leben zum Besten geben, bis ein geheimnisvoller Fremder sich als ein von allen gefürchteter Räuber entpuppt. Auf diese Weise durchbricht der Autor die Rahmenhandlung und verknüpft sie mit dem Hauptstrang seiner Geschichte – ein auch in *Tausendundeine Nacht* angewandter Kunstgriff, der in der Lyrik als Enjambement bezeichnet wird.

Geisterschiffe tauchen bei Sindbad nicht auf, wohl aber geheimnisvolle Inseln, auf denen die Gesetze der Natur außer Kraft gesetzt sind: Eine davon ist der aus dem Meer ragende Rücken eines Fischs, der die Seeleute, die sich an ihn klammern, in die Tiefe reißt, auf einer anderen Insel wohnt der legendäre Vogel Ruch (Vogel Rock) – neben Menschenfressern, Riesen und weiteren Ungeheuern.

Direktes Vorbild für Hauffs *Gespensterschiff* war Sindbads vierte Reise, die wie stets von Basra ausgeht und vorläufig endet mit einem Orkan im Indischen Ozean, wo das Ungemach erst richtig beginnt: Die Schiffbrüchigen werden auf eine Insel gespült, deren Bewohner sie wie Vieh mästen, um sie anschließend zu verspeisen. Mit Allahs Hilfe gelingt Sindbad die Flucht; er schlägt sich zur Nachbarinsel durch, deren Herrscher ihn gastfreundlich aufnimmt und ihm zum Dank für einen wertvollen Sattel, den Sindbad ihm schenkt, seine Tochter zur Frau gibt. Hier lebt er herrlich und in Freuden, bis die Königstochter stirbt und Sindbad, der Landessitte folgend, der Toten ins Grab folgen soll.

> Ich aber schrie: »Ich bin ein fremder Mann; ich brauche mich nicht eurer Sitte zu fügen!« Sie hörten meine Worte wohl, doch sie kümmerten sich nicht darum, sondern ergriffen mich und fesselten mich wider meinen Willen; auch banden sie sieben Laibe Brotes und einen Krug frischen Wassers an mich fest und senkten mich in die Gruft hinab.

Das Wissen um Witwenverbrennungen in Indien wirkt hier ebenso nach wie die Erinnerung an Bestattungsriten im alten Ägypten oder im archaischen Griechenland – man denke nur an die Beisetzung des Patroklos im dreiundzwanzigsten Gesang der *Ilias*, bei der nicht nur Rinder und Pferde, sondern auch gefangene Trojaner geopfert werden. Die unterirdische Gruft ist mit Leichen gefüllt, die auf Dorés Stichen zu *Tausendundeine Nacht* wie ägyptische Mumien aussehen, und Sindbad macht eine ähnliche Erfahrung wie der Reisende auf dem Gespensterschiff:

> Ich konnte aber von nun an Tag und Nacht nicht mehr unterscheiden, und ich nahm nur wenig Nahrung zu mir ... Bei Allah, mein Tod hier ist ein ganz abscheulicher Tod! Wäre ich doch im Meere ertrunken oder in den Bergen umgekommen!

Wie bei Wilhelm Hauff ist der Einstieg in die Unterwelt synonym mit dem Ausstieg aus Raum und Zeit – ein ständig wiederkehrendes Thema im Umkreis des Totenschiffs, der von Anfang an mit Anspielungen auf Brautwerbung und Hochzeit verknüpft ist. Liebe und Sexualität sind die Negation des Tods und zugleich dessen Bestätigung – ein Motiv, das bei Heinrich Heine und Richard Wagner, Franz Kafka und Thomas Mann zentrale Bedeutung erlangt. Allahs Allmacht ist stärker als der Dämonenzauber, und wie in Hauffs Märchen werden Sindbads Gebete erhört, denn zusammen mit ihrem verstorbenen Ehemann wird eine lebende Frau in die Gruft herabgelassen.

> Ich konnte sie sehen, aber sie sah mich nicht. Als nun die Leute den Stein wieder über die Öffnung der Gruft gewälzt hatten und ihrer Wege gegangen waren, sprang ich auf, in der Hand den Schenkelknochen eines toten Mannes, stürzte mich auf die Frau und schlug sie mitten auf den Kopf. (...) Und nun nahm ich ihr Brot und alles, was sie bei sich trug; denn ich sah an ihr viel Schmuck und kostbare Gewänder. (...) Und jedes Mal, wenn jemand lebendig mit einem Toten begraben wurde, schlug ich ihn tot und nahm ihm Speise und Trank ab, um mich damit am Leben zu erhalten.

Märchen sind amoralisch, und wie im wirklichen Leben hilft Gott dem Tüchtigen, will sagen, dem, der am brutalsten zuzuschlagen und am schamlosesten sich zu bereichern versteht. Damit ist das Happy End vorprogrammiert: Sindbad findet eine Felsspalte, durch die Schakale in die Gruft eindringen, und flieht aus seinem unterirdischen Gefängnis, nachdem er die Toten um ihre Wertsachen erleichtert hat:

> Ferner nahm ich ihnen vieles ab von dem, was sie trugen, Ketten, Edelsteine, Perlenhalsbänder, Schmuckstücke aus Silber und Gold (...) und andere Kleinodien.

Ein vorübersegelndes Schiff nimmt ihn auf, und er kehrt über Basra nach Bagdad zurück.

> Dann speicherte ich alle Güter, die ich mitgebracht hatte, in meinen Warenhäusern auf, verteilte Geschenke und Gaben, kleidete die Witwen und Waisen, und lebte so herrlich und schön, wie man es sich denken kann.

Mit dieser feststehenden Formel endet die Geschichte, die, über die Parallelen zu Hauffs *Gespensterschiff* hinaus, grundsätzliche Fragen aufwirft. Könnte es sein, dass in Sindbads Seereisen Homers *Odyssee* fortlebt – das wurde häufig vermutet – und dass in der mündlichen Überlieferung orientalischer Märchenerzähler die historische Erinnerung an den ägyptischen Totenkult steckt, der als abgesunkenes Kulturgut in der Legende vom Totenschiff wiederkehrt?

3

In seinem Standardwerk über altägyptische Glaubensvorstellungen weist Siegfried Morenz darauf hin, »dass die Vorstellung vom lebenden Leichnam mit all seinen irdischen Bedürfnissen und ihrer Befriedigung bis zum Ende des ägyptischen Heidentums, ja bis in christliche Zeit und sogar (als Versorgung mit Speise und Trank) beim heutigen Fellachen weiterwirkt« (Siegfried Morenz: *Gott und Mensch im alten Ägypten*, Leipzig 1984). Auch die mit magischen Tabus belegte Ausplünderung der Gräber, von den Tagen der Pharaonen bis heute fortdauernd, taucht in Hauffs Märchen wie bei Sindbad dem Seefahrer auf, der seinen Reichtum, wie der Reisende auf dem Gespensterschiff, den Toten verdankt – beide betätigen sich als Leichenfledderer. Es gibt einen Papyrus aus der Zeit des Mittleren Reichs (2040–1650 vor Christus), der auf Sindbad vorausweist und wie die Vorwegnahme von dessen dritter Reise erscheint: In dem als *Conte du naufragé* bezeichneten Text begegnet ein Schiffbrüchiger auf einer Insel einer riesigen Schlange, vor der er sich in Angst und Schrecken niederwirft und der er mit knapper Not entkommt, während die Insel wie der Rücken eines gewaltigen Fischs im Meer versinkt: »Dabei war mir, als gehörte ich schon zum Totenreich«, heißt es bei Sindbad dem Seefahrer mit einem Stoßseufzer, der wie das Echo des Texts aus dem alten Ägypten klingt: »Denn ich war durch das, was ich mit der Riesenschlange erleben musste, zu sehr mitgenommen.«

Auch der Reisende auf Hauffs *Gespensterschiff* knüpft, ohne es zu wissen, an altägyptische Bräuche an, als er die gerefften Segel mit Koransuren umwickelt und so den Zauber bannt: Türen und Wände der Grabkammer, das Holz des Sarges und die Tücher, in die man die Mumien wickelte, waren mit Zaubersprüchen beschriftet zur Abwehr von Grabräubern und, noch wichtiger, um den schakalköpfigen Gott Anubis günstig zu stimmen. »Das sogenannte Totenbuch, eine historisch zusammengewachsene und zunächst wechselnde Folge von einzelnen Sprüchen, gewinnt eine feste Ordnung und dazu einen Gesamttitel (›Herausgehen am Tage‹ – ein Hauptwunsch des Toten!), der den Papyrusrollen außen aufgeschrieben wird. (...) Doch hat in den seltensten Fällen jemand ein ›ganzes‹ Totenbuch im Grab bei sich gehabt; es war üblich, diese oder jene Auswahl zu treffen« (Siegfried Morenz, op. cit.).

Der Totenkult im alten Ägypten war keine Buchreligion, er beruhte auf einem System überlieferter Riten, die erst im Nachhinein schriftlich fixiert und kodifiziert wurden: Dabei schloss der Glaube an transzendente Mächte magische Praktiken nicht aus, durch die Schaden abgewendet und göttlicher Segen erfleht oder sogar erzwungen werden konnte. »Aus diesen krummen Linien hat sich die nachmals klassische Form des Totengerichts gebildet«, führt Morenz weiter aus. »Nach ihm zitiert der Tote eine Spruchfolge, in der er Sünden nicht bekennt, sondern bestreitet. Die Papiere, die er zu diesem Zweck mit ins Grab bekommt, gesellen dem Text eine Wägeszene bei, die sein Herz als Summe seines Wesens mit dem Sinnbild der Maat im Gleichgewicht zeigt. In diesen von uns so genannten Totenbüchern nimmt die Prozedur des Totengerichts eine hervorragende Stellung ein.«

Die Maat war das Urbild der Ordnung im alten Ägypten, das rechte Maß, das allem menschlichen Handeln zugrunde liegt, wobei der Begriff trotz seines Gleichklangs mit dem deutschen Wort *Maß* dem griechischen *nomos* näher steht als dem etymologisch urverwandten lateinischen *modus*. Nicht von ungefähr erinnert das ägyptische Totengericht an Hadesvorstellungen der Griechen und Römer und ist zusammen mit diesen in den christlichen Glauben ans Jüngste Gericht eingegangen: Der Totengott Anubis hält das Herz des Toten in der linken, die von der Maat verkörperte Wahrheit in der rechten Hand und wägt sie sorgfältig gegeneinander ab, während der Schreibergott Thot die Taten des Verstorbenen protokolliert und ein Höllenhund, griechisch Kerberos, darauf lauert, die schuldig Gesprochenen zu verschlingen.

Aufschlussreich mit Blick auf die literarische Tradition des Totenschiffs ist die Tatsache, dass das Sterben im alten Ägypten als Landung bezeichnet wurde: »Wenn der Mensch übrig bleibt nach dem Landen«, heißt es in einer häufig zitierten Unterweisung für König Merikare, »so werden seine Taten in Haufen neben ihn gelegt« (Siegfried Morenz, op. cit.). Auch bei Griechen und Römern begann die Landung im Hades mit der Überquerung des Flusses Styx, für die der Verstorbene den sogenannten Obolus, eine unter die Zunge des Toten gelegte Münze, als Fährgeld entrichten musste.

Der Glaube an das Jüngste Gericht, das die Verstorbenen zu ewiger Verdammnis verurteilt oder mit ewigem Leben belohnt, ist charakteristisch für alle monotheistischen Religionen: Ein fernes Echo auf die seit der Bronzezeit über ganz Eurasien verbreitete Vorstellung von einem Sonnenschiff, das abends im westlichen Meer versinkt und nach Durchquerung der Unterwelt im Osten wieder auftaucht – ein auch den Mayas und Azteken geläufiger Mythos, der zu dem Missverständnis beitrug, in der Gestalt des spanischen Eroberers Cortés habe sich der aus dem Jenseits zurückgekehrte Gott Quetzalcoatl reinkarniert.

»Gewiss hat man auch vom ›Tode‹ des Sonnengottes Re gewusst«, schreibt Siegfried Morenz, »der abendlich ins Totenreich hinabsinkt und sich dort auf seiner Nachtfahrt mit seinem eigenen Leichnam vereinigt (6. Stunde des so genannten *Amduat*, eines Jenseitsführers mit der Fahrt des Re durch die zwölf Stunden der Nacht, seit der 18. Dynastie bezeugt« – also seit 1551 vor Christus).

Charakteristisch für das alte Ägypten ist die Vorstellung, dass der Verstorbene mit den Göttern rechten und diese sogar bedrohen darf, falls sie seine Gebete nicht erhören – ein Motiv, das in Coleridges *Ancient Mariner* ebenso wiederkehrt wie in Kafkas Fragment *Jäger Gracchus*: »Jeder Gott, der [dem verstorbenen König] nicht eine Treppe schlägt, wenn er aufsteigt und sich zum Himmel erhebt,

dessen Opferkuchen sollen nicht existieren.« (Morenz, op. cit.)
Das klingt vergleichsweise harmlos, gemessen an der aus der Ramses-Dynastie überlieferten Drohung, den Tempel der Gottheit niederzubrennen, sollte ein Liebeszauber nicht die erhoffte Wirkung erzielen.
»Bedrohungen der Götter durch den Verstorbenen« hat Siegfried Morenz diese Haltung genannt, die zusammen mit anderen Elementen des ägyptischen Totenkults in den Motivkreis des Geister- und Totenschiffs eingegangen ist, ohne dass den Autoren der später entstandenen Texte ein historischer Zusammenhang bewusst war (tiefere Einblicke in die altägyptische Totenliteratur gibt die Monographie der Ägyptologen Jan Assmann und Andrea Kucharek: *Ägyptische Religion*, Frankfurt a. M. 2008).

Ausblick

Die Nachwirkungen der Sage von Sindbad dem Seefahrer sind schwer fassbar – mit einer Ausnahme: Die Geschichte des Geists in der Flasche hat, auf dem Umweg über Lukian, Goethes Ballade vom *Zauberlehrling* inspiriert und die Verse: »Die ich rief, die Geister / werd ich nun nicht los« zum geflügelten Wort gemacht. Zu Beginn des 20. Jahrhunderts schrieb der ungarische Autor Gyula Krúdy in Budapest angesiedelte Sindbad-Novellen, die unter dem Titel *Reisen im Diesseits und Jenseits* auf Deutsch erschienen sind und die *Kindlers Literaturlexikon* so charakterisiert: »Rufe aus der Vergangenheit, denen der Seefahrer, während die Zeit sich zurückdreht, unverzüglich Folge leistet« – eine Kurzcharakteristik, die vielen Werken aus dem Motivkreis des Totenschiffs als Klappentext dienen könnte (vgl. hierzu: *Kindlers neues Literaturlexikon*, hg. von Walter Jens, Bd. 9. S. 807).

Der Einfluss von Hauffs *Gespensterschiff* lässt sich in Wilhelm Raabes *Schwarze Galeere* und Theodor Storms *Schimmelreiter* nur erahnen, aber nicht genau nachweisen. Anders steht es mit Theodor Fontane, bei dem der Weg vom realen Erlebnis zur literarischen Gestaltung offen zutage tritt: »Da lag das schwarze Biest immer neben uns und sah aus wie'n Sarg«, erzählt der Dorfschulze Kluckhuhn in Theodor Fontanes *Stechlin*: »Und wenn es gewollt hätte, so wär' es auch alle mit uns gewesen und bloß noch plumps in den Alsensund.« Und weiter heißt es: »Aber dasselbe schwarze Schiff, das ihm damals so viel Furcht und Sorge gemacht hatte, war doch auch wieder ein Segen für ihn geworden, und man durfte sagen, sein Leben stand seitdem im Zeichen von Rolf Krake.«

Die Erklärung dieser, für sich genommen, rätselhaften Sätze findet sich in Fontanes Buch *Der Schleswig-Holsteinische Krieg im Jahre 1864*, wo der zum Kriegsreporter avancierte Autor nüchtern protokolliert: »Der ›Rolf Krake‹ ist in England nach dem amerikanischen Monitorsystem gebaut. Er hat eine Länge von 120, eine Breite von 34 Fuß, ist mit 4½zölligen Eisenplatten gepanzert ... Als ›Rolf Krake‹ die Schmälung des flensburger Meerbusens (...) passirte, erhielt er Feuer von der hollniser Batterie (...) und glitt, unheimlich durch die Leblosigkeit auf seinem Deck, wie ein großer schwimmender Sarg auf die Batterien von Alnoer zu« – ein Beispiel für die innere Ökonomie von Fontanes Werk, in dem Hauffs *Gespensterschiff* nur noch als fernes Echo widerhallt.

II. GEHORSAM UND LANGE BEINE

Heinrich Heine und Richard Wagner

1

»Die Fabel von dem fliegenden Holländer ist Euch gewiss bekannt.« Mit dieser Anrede an den Leser beginnt das siebte Kapitel von Heines Romanfragment *Schnabelewopski,* und der Autor fährt fort: »Es ist die Geschichte von dem verwünschten Schiffe, das nie in den Hafen gelangen kann, und jetzt schon seit undenklicher Zeit auf dem Meere herumfährt.« Heine hat hier die Legende vom fliegenden Holländer in nuce zusammengefasst, ein Stoff, den er vermutlich aus *Bertholds Tagebuch* übernahm, erschienen 1826 und ediert von einem fiktiven Herausgeber namens Oswald, der mit richtigem Namen Hudtwalker hieß: eine auf antike, vielleicht ägyptische Quellen zurückgehende Sage, deren neuzeitliche Version im 17. Jahrhundert am Kap der Guten Hoffnung spielt. Der holländische Kapitän eines vom Sturm verwehten Schiffes verflucht Gott und wird zur Strafe dazu verdammt, ewig umherzusegeln, bis die Liebe einer Jungfrau ihn von seiner Irrfahrt erlöst (den Forschungsstand zur Entstehung des Texts resümiert der Herausgeber Klaus Briegleb im Kommentar zum ersten Band von Heinrich Heine: *Sämtliche Schriften*, Carl Hanser Verlag, München 1976, S. 853 f.).

Es handelt sich um eine maritime Version der Faust-Sage, wenn man so will, denn ähnlich wie beim durch den Teufelspakt reich gewordenen Faust und seinem romantischen Nachfahren Peter Schlemihl war das Schiff des Holländers mit Schätzen beladen – ein Motiv, das schon bei *Sindbad dem Seefahrer* auftaucht; und es ist kein Zufall, dass Goethes Mephisto wie der Schattenhändler bei Chamisso Züge des ewigen Juden trägt. Die Koransuren, mit denen der Reisende bei Hauff die Rahen umwickelte (ein Nachhall des altägyptischen Totenbuchs), werden bei Heine zu Briefen, »immer an Menschen adressiert, die man gar nicht kennt, oder die längst verstorben« sind: »Diese Briefe muss man an den Mastbaum festnageln, sonst widerfährt dem Schiffe ein Unglück, besonders wenn keine Bibel an Bord oder kein Hufeisen am Fockmaste befindlich ist.« Noch verblüffender aber ist das Leitthema der Hochzeit, das sich von der *Odyssee* bis Shakespeare, Baudelaire und Rimbaud quer durch die Literaturgeschichte zieht, um in Thomas Manns Novelle *Tod in Venedig* in anderer Gestalt wiederzukehren – ganz zu schweigen von poetischen Variationen des Ophelia-Motivs bei Conrad Ferdinand Meyer, Georg Heym und Bertolt Brecht.

Was Heine von seinen Vorläufern und Nachfolgern unterscheidet, ist der ironische Umgang mit dem überlieferten Sagenstoff, dessen schauriges Ambiente er herbeizitiert, wenn er den fliegenden Holländer als »hölzerne[s] Gespenst« bezeichnet, zugleich aber entwertet, indem er es befreiendem Gelächter aussetzt: Das Ineinander von Liebe und Tod, Eros und Thanatos, das andere Bearbeiter des Stoffs faszinierte, allen voran Richard Wagner, verkürzt Heine zur Satire, die auch vor Kalauern nicht zurückschreckt:

> Der Teufel, dumm wie er ist, glaubt nicht an Weibertreue, und erlaubte daher dem verwünschten Kapitän alle sieben Jahr einmal ans Land zu steigen, und zu heuraten (sic). (...) Armer Holländer! Er ist oft froh genug von der Ehe selbst wieder erlöst und seine Erlöserin los zu werden, und er begibt sich dann wieder an Bord.

Die Herabstufung der Legende zur Ehesatire hindert Heine nicht daran, die Tragik des fliegenden Holländers zu erfassen, den er als »ewigen Juden des Ozeans« bezeichnet, und es ist kein Zufall, dass und wie an dieser Stelle der Erzählton umschlägt von Heiterkeit zu tiefem Ernst, der die Satire Lügen straft:

> Wie sein Leib nichts anders sei als ein Sarg von Fleisch, worin seine Seele sich langweilt, wie das Leben ihn von sich stößt und auch der Tod ihn abweist: gleich einer leeren Tonne, die sich die Wellen einander zuwerfen und sich spottend einander zurückwerfen, so werde der arme Holländer zwischen Tod und Leben hin- und hergeschleudert.

Heine bettet das mittelalterliche Ahasver-Motiv ein in den zeitgenössischen Kontext einer Reise, ausgehend von der Fiktion, er habe im Theater zu Amsterdam bei der Aufführung des fliegenden Holländers eine junge Frau kennengelernt, die keine Jungfrau mehr war – die Anspielung auf Eva und die Schlange ist überdeutlich:

> Nur um die linke Oberlippe zog sich etwas, oder vielmehr ringelte sich etwas, wie das Schwänzchen einer fortschlüpfenden Eidechse (...), ein Lächeln, welches vergiftet worden von jenem Apfel der Erkenntnis, den der Mund genossen (...). Ich mache daher hier einen langen Gedankenstrich – dieser Strich bedeutet ein schwarzes Sofa, und darauf passierte die Geschichte, die ich nicht erzähle.

Einmal mehr gewinnt die Satire die Oberhand über die Tragik des Sagenstoffs, dessen Tiefendimension dem oberflächlichen Amüsement des Lesers zum Opfer fällt, und die Lektüre hinterlässt den zwiespältigen Eindruck, Heine habe mit sexuellen Eroberungen renommieren wollen und gleichzeitig frauenfeindliche Klischees bedient. Die banale Schlussfolgerung, die er aus der kurzen Erzählung zieht, bestätigt den ernüchternden Befund, der schlecht zur tragischen Zerrissenheit von Heines Leben und Werk passt:

> Die Moral des Stückes ist für die Frauen, dass sie sich in acht nehmen müssen, keine fliegenden Holländer zu heuraten; und wir Männer ersehen aus diesem Stücke, wie wir durch die Weiber, im günstigsten Falle, zu Grunde gehn.

2

Vermutlich hat Heines Text Richard Wagner zu dessen Oper *Der fliegende Holländer* inspiriert, aber Humor sucht man vergeblich in dem 1843 uraufgeführten Stück, dessen Libretto Wagner in der Folgezeit mehrfach umgearbeitet hat. Scherz, Satire und Ironie treten zurück zugunsten der tieferen Bedeutung der in düstere Molltöne gehüllten Musik, und passend dazu ist es Nacht, als der Vorhang aufgeht und wieder fällt, wie in einem Horrorfilm oder einer Schauerballade, die, anders als Goethes *Erlkönig* oder Bürgers *Lenore*, nicht auf festem Land, sondern auf dem Wasser spielt. »Von Schätzen voll sind Schiff und Boot« heißt es wie bei Sindbad dem Seefahrer, doch das Meer ist hier kein geographischer Raum, der Weltverkehr und Welthandel ermöglicht, sondern ein wogendes Chaos, das Schiffe und Besatzungen ohne ihr Zutun an ferne Küsten verschlägt: »Von des Südens Gestad', aus weitem Land – / ich hab' an dich gedacht! Durch Gewitter und Meer vom Mohrenstrand / hab dir was mitgebracht«. Das Krachen der Brecher wie das Heulen des Sturms entspricht der inneren Aufgewühltheit des Helden, und die Tragödie wird zum Seelendrama: An die Stelle des ewigen Juden tritt der ewige Junggeselle, dessen existentielle Unbehaustheit und sexuelle Unerlöstheit die tobenden Elemente illustrieren. Und als sei es damit nicht genug, wird das Elend des bürgerlichen Individuums, ungefiltert und ungemildert durch ironische Distanz, zur Metapher für kosmische Katastrophen bis hin zum Weltuntergang, wie in der Arie des Holländers:

> Wie oft in Meeres tiefsten Schlund
> stürzt' ich voll Sehnsucht mich hinab.
> Da, wo der Schiffe furchtbar Grab
> trieb mein Schiff ich zum Klippengrund:
> Nirgends ein Grab! Niemals der Tod!
> Dies der Verdammnis Schreckgebot.
> (...)
> Tag des Gerichtes! Jüngster Tag!
> Wann brichst du an in meiner Nacht?
> Wann dröhnt er, der Vernichtungsschlag,
> mit dem die Welt zusammenkracht?
> Wenn alle Toten auferstehn.
> Dann werde ich in Nichts vergehn.
> Ihr Welten, endet euren Lauf!
> Ew'ge Vernichtung, nimm mich auf!
>
> **Mannschaft des Holländers:** *[aus dem Schiffsraum]*
> Ew'ge Vernichtung, nimm uns auf!

Das klingt wie die Vorwegnahme der Götterdämmerung im Ring der Nibelungen, aber Wagner hat dem Protagonisten eine Gegenfigur beigesellt, um die kosmische Tragödie anzunähern an die konventionelle Dramaturgie und so das Stück spielbar zu machen. Nach sieben Jahren auf hoher See geht der fliegende Holländer an Land, ohne Hoffnung, von seinem Fluch erlöst zu werden, als ihm Daland begegnet, ein norwegischer Kapitän, der, geblendet von den Schätzen des Holländers, diesem die Hand seiner Tochter verspricht. Senta ist zwar verlobt mit dem Jäger Erik, aber insgeheim verliebt in den geheimnisvollen Fremden, dessen Bild ihr in der Spinnstube ständig vor Augen steht. Sentas Ballade ist das Gegenstück zur Arie des Holländers, und noch während sie das Lied anstimmt, wird ihr klar, dass sie auserwählt ist, den Verdammten von seiner Qual zu erlösen – ein hermeneutischer Zirkel, der Wagners Text ebenso zugrunde liegt wie seiner Musik, die auf der Repetition und Variation ständig wiederkehrender Motive beruht.

Traft ihr das Schiff im Meere an,
blutrot die Segel, schwarz der Mast?
Auf hohem Bord der bleiche Mann,
des Schiffes Herr, wacht ohne Rast.
(...)
Doch kann dem bleichen Manne
Erlösung einstens noch werden,
fänd' er ein Weib, das bis in den Tod
getreu ihm auf Erden!
Ach! wann wirst du, bleicher Seemann, sie finden?
Betet zum Himmel, dass bald ein Weib
Treue ihm halt'!

[Die Mädchen sind tief ergriffen und singen den Schlussreim leise mit.]
(...)

Senta
Von mächt'gem Zauber überwunden
reißt mich's zu seiner Rettung fort.
hier habe Heimat er gefunden,
hier ruh' sein Schiff in sich'rem Port!
Was ist's, das mächtig in mir lebet?
Was schließt berauscht mein Busen ein?
Allmächt'ger, was so hoch mich erhebet,
lass es die Kraft der Treue sein!

Erik ist rasend vor Eifersucht, aber seine Vorwürfe prallen wirkungslos von Senta ab und bestärken sie nur in ihrem einmal gefassten Beschluss. Für Vernunftgründe unzugänglich, schlägt sie alle Warnungen in den Wind und willigt, als der Fremde die Spinnstube betritt, in die Heirat ein. Auf die kammerspielartige Eifersuchtsszene folgt wie bei Shakespeare ein Volksfest, bei dem Dalands Matrosen und die Mädchen aus der Spinnstube sich mit der Besatzung des Holländers verbrüdern – eine vorgezogene Hochzeitsnacht, deren Frohsinn wie in Hauffs Märchen *Das Gespensterschiff* umschlägt in die Schrecken des Todes:

Matrosen
Sie trinken nicht, sie singen nicht;
In ihrem Schiffe brennt kein Licht.

Mädchen
Sagt! Habt ihr denn nicht auch ein Schätzchen am Land?
Wollt ihr nicht mit tanzen auf freundlichem Strand?

Matrosen
Sie sind schon alt und bleich statt rot!
Und ihre Liebsten, die sind tot!
(...)

Mädchen
So weckt die Mannschaft ja nicht auf;
Gespenster sind's, wir schwören drauf!

Die ominösen Vorzeichen eskalieren zum unausweichlichen Verhängnis, und anders als im Schlusschor von Goethes *Faust* (»Das ewig Weibliche / Zieht uns hinan«) springt Senta von einer Felsklippe ins Meer und opfert sich so für den Holländer, den sie durch ihre selbstlose Liebe von seiner ewigen Irrfahrt erlöst – ein melodramatisches Finale, das nur durch die Wucht der das Publikum überwältigenden Musik vor unfreiwilliger Komik bewahrt wird.

Erik
Helft ihr! Sie ist verloren!

Daland, Mary, und Chor
Was erblick' ich!

Daland
Gott! (...)

Mary, Erik, Daland, und Chor
Senta! Senta! Was willst du tun?

Senta hat sich mit wütender Kraft losgerissen und erreicht ein vorstehendes Felsenriff; von da aus ruft sie dem absegelnden Holländer nach.

Senta

Preis' deinen Engel und sein Gebot!
Hier steh' ich, treu dir bis zum Tod!

Sie stürzt sich in das Meer; in demselben Augenblicke versinkt das Schiff des Holländers und verschwindet schnell in Trümmern. In weiter Ferne entsteigen dem Wasser der Holländer und Senta, beide in verklärter Gestalt; er hält sie umschlungen.

ENDE DER OPER

3

»Immer geht es um den Konflikt des Genies mit den herkömmlichen Lebens-, Kunst- und Moralbegriffen der Umwelt«, schreibt Hans Mayer in seiner Rowohlt-Monographie über Richard Wagner und weist darauf hin, dass der Komponist in einem Brief an Franz Liszt vom 11. Februar 1853 »die Gleichsetzung Wagner-Holländer ganz ausdrücklich vollzogen« habe. So besehen ist der *Fliegende Holländer* nah am Wasser gebaut – wörtlich *und* im übertragenen Sinn, denn das auf die Spitze getriebene Pathos läuft Gefahr, umzukippen in sein Gegenteil. Das Erhabene wirkt lächerlich, die Kunst wird zum Kitsch, sobald der Zuschauer oder Zuhörer sich dem Sog von Wagners Musik entzieht, deren Suggestionskraft darin besteht, dass sich das Publikum wie in Thomas Manns *Mario und der Zauberer* willig verführen lässt.
Friedrich Nietzsche hatte ein feines Ohr für die Ambivalenz, die jeder Tragödie innewohnt – die große Oper ist immer auch ihre eigene Parodie – und seine Kritik am Wagnerianismus, dem er selbst gehuldigt hatte, bringt

das Dilemma auf den Punkt. Nietzsche rechnet schonungslos mit dem Geniekult ab, dessen pseudoreligiöse Aura er zerstört, gleichzeitig aber verstimmt er den Leser durch irrationalen Frauenhass, der sein Leben und Werk überschattet und zuletzt verdunkelt hat.

> Der fliegende Holländer predigt die erhabne Lehre, dass das Weib auch den Unstetesten festmacht, Wagnerisch geredet ›erlöst‹. (...) Was wird aus dem ›ewigen Juden‹, den ein Weib anbetet und *festmacht*? Er hört bloß auf, ewig zu sein; er verheiratet sich, er geht uns nichts mehr an. – Ins Wirkliche übersetzt: die Gefahr der Künstler, der Genies – und das sind ja die ›ewigen Juden‹ – liegt im Weibe: die anbetenden Weiber sind ihr Verderb.

Nietzsches Absage an Wagner in *Der Fall Wagner* geht einher mit der Aufwertung von Georges Bizet, dessen *Carmen* er in einer ironischen Volte gegen den *Fliegenden Holländer* kehrt, indem er das mediterrane Ambiente ebenso überschwenglich lobt wie das in Bizets Musik enthaltene komödiantische Element. Hier schließt sich der Kreis zu Heines Bearbeitung des Sagenstoffs, und das Fazit, das Nietzsche aus der geistesgeschichtlichen Kontroverse zieht, klingt geradezu prophetisch mit Blick auf den Kultstatus, den das NS-Regime fünfzig Jahre später den Bayreuther Wagner-Festspielen verlieh – politischer Missbrauch im wahrsten Sinne des Worts:

> Weder Geschmack, noch Stimme, noch Begabung: die Bühne Wagners hat nur Eins nötig – *Germanen*! ... Definition des Germanen: Gehorsam und lange Beine ... Es ist voll tiefer Bedeutung, dass die Heraufkunft Wagners zeitlich mit der Heraufkunft des ›Reichs‹ zusammenfällt: beide Tatsachen beweisen ein- und dasselbe – Gehorsam und lange Beine. – Nie ist besser gehorcht, nie besser befohlen worden.

III. NIEMAND WIRD LESEN, WAS ICH SCHREIBE
Thomas Mann und Franz Kafka

1

> Damit ein bedeutendes Geistesprodukt auf der Stelle eine breite und tiefe Wirkung zu üben vermöge, muss eine geheime Verwandtschaft, ja Übereinstimmung zwischen dem persönlichen Schicksal seines Urhebers und dem allgemeinen des mitlebenden Geschlechtes bestehen. Die Menschen wissen nicht, warum sie einem Kunstwerke Ruhm bereiten.

Mit diesen Sätzen hat Thomas Mann, gleich zu Anfang der Novelle *Tod in Venedig*, sich selbst sowie sein Alter Ego Gustav von Aschenbach charakterisiert und im selben Atemzug das Schicksal des Buchs vorweggenommen: Keinem anderen Werk aus seiner Feder, außer den *Buddenbrooks*, war ein so nachhaltiger Erfolg beschieden wie *Tod in Venedig*: Ein vergleichsweise kurzer Text an der Nahtstelle zwischen Erzählung und Roman, der die neoromantische Todesverfallenheit des Symbolismus ebenso widerspiegelt wie die homoerotischen Obsessionen des Jugendstils – man denke an Aubrey Beardsley und Oscar Wilde. Noch erstaunlicher aber ist, dass und wie die ästhetische Faszination weiterwirkte und sich noch Jahrzehnte später niederschlug in Filmen wie Viscontis *Tod in Venedig* oder Nicolas Roegs *Wenn die Gondeln Trauer tragen*. Selbst Kritiker, denen Thomas Manns Stil zu schwülstig und die Symbolik zu dick aufgetragen war, konnten sich dem Sog des als Schullektüre kanonisierten Texts nicht entziehen. Dabei geriet die Vorgeschichte der Novelle aus dem Blick, die nicht nur bedeutende Nachfolger, sondern auch gewichtige Vorläufer hatte. Von Gedichten des in geistiger Umnachtung verstorbenen Conrad Ferdinand Meyer, durch die sich die Motivkette aus italienischem Ambiente – fließendem Wasser – Tod zieht, bis zur *Toteninsel* seines Schweizer Landsmanns Arnold Böcklin, einer Ikone des Zeitgeists, die wie kein anderes Kunstwerk die Todessehnsucht des Fin de Siècle auf den Punkt bringt. Dass Adolf Hitler das Gemälde 1933 erwarb, zeugt von der Popularität des massenhaft verbreiteten und reproduzierten Bilds. Doch keinem seiner zahlreichen Interpreten fiel auf, was unbefangenen Betrachtern sofort ins Auge springt: Die von Zypressen beschattete Toteninsel, auf die der Kahn mit dem Sarg zusteuert, hat die Form gespreizter Schenkel, einer mit Schamhaaren bewachsenen Vulva genauer gesagt, wie Gustave Courbet sie in seinem skandalumwitterten Bild *L'origine du monde* porträtiert hatte. Demzufolge wäre die kerzengerade, aufrecht stehende Gestalt im Bug des Bootes ein erigierter Penis, und diese sexuelle Assoziation kann helfen, die von den Zeitgenossen bezeugte Wirkung des Werks aufs Unterbewusste seiner Betrachter partiell zu erklären. Das ist keine haltlose Spekulation, denn um 1885, als Böcklin kurz nacheinander mehrere Fassungen des Gemäldes schuf, entwickelte Sigmund Freud zunächst bei Charcot in Paris und später mit Breuer in Wien seine Neurosenlehre, die auf der Wiederkehr aus dem Bewusstsein verdrängter Wünsche und Ängste beruht. Die psychoanalytische Interpretation des Bildes schließt kunsthistorische Deutungen nicht aus, wonach der in einen weißen Mantel gehüllte Mann im Boot ein Wiedergänger Dantes ist, der an der Hand Vergils in die Unterwelt *eindringt* – im Gegenteil: Beide Lesarten bedingen und ergänzen einander. Hingegen ist die Frage nach dem realen Vorbild von Böcklins *Toteninsel* – Ischia, Korfu oder die Friedhofsinsel San Michele in Venedig – von untergeordnetem Interesse, da der Ort nicht geographisch lokalisiert werden muss.

Sigmund Freud war durch Welten getrennt von Arnold Böcklin, nicht aber von Thomas Mann, und eine Penis-Metapher taucht gleich zu Anfang des Textes auf – ein Wink mit dem Zaunpfahl im wahrsten Sinne des Worts: »Erhobenen Hauptes, so dass an seinem hager dem losen Sporthemd entwachsenden Halse der Adamsapfel stark und nackt hervortrat«. So beschreibt der Erzähler den geheimnisvollen Wanderer, der in der Friedhofskapelle am Stadtrand von München Aschenbachs Weg kreuzt und in wechselnder Verkleidung an zwei Wendepunkten der Geschichte auftritt: Bei der Einschiffung nach Venedig ebenso wie kurz vor Schluss, als ein Straßenmusikant dem schon von der Krankheit gezeichneten Reisenden aufspielt. Im Volksglauben ist der vorspringende Adamsapfel ein Penissymbol, und um keine Zweifel aufkommen zu lassen, dass es sich um einen Todesboten handelt, stattet der Autor die bajazzohafte Gestalt mit lippenlosem Mund und gebleckten Zähnen aus, die an einen Totenschädel erinnern.

> Dem weichen Kragen des Sporthemdes (...) entwuchs sein hagerer Hals mit auffallend groß und nackt wirkendem Adamsapfel (...) und ein Lächeln tückischer Unterwürfigkeit entblößte seine starken Zähne.

Das ist überdeutlich – unmissverständlicher lässt sich der Symbolgehalt von Thomas Manns Novelle, die wechselseitige Durchdringung von Liebe und Tod, kaum in Worte fassen oder ins Bild setzen. Der nachhaltige Erfolg des Texts beruht ja gerade darauf, dass der Autor die Leser an der Hand nimmt und sozusagen mit der Nase auf sein von Wagner und Nietzsche inspiriertes Thema stößt. Und doch ist die Begegnung mit dem Todesboten nur das Präludium, denn der Aufbruch in die Unterwelt findet, wie nicht anders zu erwarten, an Bord eines Schiffes statt:

> Es war ein betagtes Fahrzeug italienischer Nationalität, veraltet, rußig und düster. In einer höhlenartigen, künstlich erleuchteten Koje des inneren Raumes, wohin Aschenbach (...) von einem buckligen und unreinlichen Matrosen mit grinsender Höflichkeit genötigt wurde, saß hinter einem Tische (...) ein ziegenbärtiger Mann von der Physiognomie eines altmodischen Zirkusdirektors.

Die morbide Szenerie nimmt Travens *Totenschiff* ebenso vorweg wie die Atmosphäre eines Frankenstein- oder Dracula-Films, doch die kurze Seereise ist nur der Vorspann zur Fahrt mit der Gondel, die Aschenbach, den Mann mit dem sprechenden Namen, vom Diesseits ins Jenseits befördert. Die Verdopplung, ja Vervielfachung der Motive, bei der jedes Detail auf alle übrigen und der Anfang aufs Ende verweist, war eine erprobte Erzähltechnik, die Thomas Mann entwickelt und bis zur Virtuosität gesteigert hatte.

> Das seltsame Fahrzeug, (...) so eigentümlich schwarz, wie sonst unter allen Dingen nur Särge es sind, – es erinnert an lautlose und verbrecherische Abenteuer in plätschernder Nacht, es erinnert noch mehr an den Tod selbst, an Bahre und düsteres Begängnis und letzte, schweigsame Fahrt. Und hat man bemerkt, dass der Sitz einer solchen Barke (...) der weichste, üppigste, der erschlaffendste Sitz von der Welt ist? (...) Die Fahrt wird kurz sein, dachte er; möchte sie immer währen!

Hier ist nicht der Ort, den Fortgang der Geschichte nachzuerzählen, in der Aschenbach sich an die Fersen des Knaben Tadzio heftet und diesen durch die Gassen und auf den Kanälen von Venedig verfolgt – wir würden heute von *Stalking* sprechen. Die Novelle ist extrem handlungsarm; schon der Titel macht deutlich, wie sie enden wird, obwohl die Cholera-Epidemie erst im letzten Drittel zu Buche schlägt. Auf Nietzsche als Anreger ist häufig hingewiesen worden, doch bevor er dionysische Exzesse beschreibt, hat Thomas Mann eine Hommage an Rilkes Gedicht *Archaischer Torso Apolls* in den Text eingebaut, die häufig übersehen oder überlesen wird:

> Welch eine Zucht, welche Präzision des Gedankens war ausgedrückt in diesem gestreckten und jugendlich vollkommenen Leibe! (...) Wirkte er nicht auch in ihm, wenn er (...) aus der Marmormasse der Sprache die schlanke Form befreite, die er im Geiste geschaut und die er als Standbild und Spiegel geistiger Schönheit den Menschen darstellte?

Standbild und Spiegel oder edle Einfalt und stille Größe: Das Apollinische als Gegenpol zum Dionysischen nimmt hier sichtbare Gestalt an, und der Schlussvers von Rilkes Gedicht: *Du musst dein Leben ändern*, hätte der Novelle als Motto voranstehen können. Erst nach dieser Rückversicherung bricht die verdrängte Sexualität sich Bahn, bezeichnenderweise in Form eines Traums, bei dem eine verzückte und entfesselte Menge, an von Böcklin gemalte Faune und Kentauren erinnernd, dem »fremden Gott« Dionysos huldigt:

> Das obszöne Symbol, riesig, aus Holz, ward enthüllt und erhöht: da heulten sie zügelloser die Losung. Schaum vor den Lippen tobten sie, reizten einander mit geilen Gebärden und buhlenden Händen, lachend und ächzend, stießen die Sta-

chelstäbe einander ins Fleisch und leckten das Blut von den Gliedern. Aber mit ihnen, in ihnen war der Träumende nun und dem fremden Gotte gehörig.

Thomas Manns *Tod in Venedig* ist eine Fortschreibung des 19. Jahrhunderts, genauer: des Fin de Siècle, wobei Schopenhauer und Nietzsche, Wagner und Böcklin Pate standen. Anders als der rückwärtsgewandte Charakter seiner Prosa wirkt die folgende Passage eher sachlich unterkühlt statt überhitzt und nimmt, in der Beschreibung eines technischen Objekts, die Verfilmungen der Novelle vorweg:

> Ein photographischer Apparat, scheinbar herrenlos, stand auf seinem dreibeinigen Stativ am Rande der See, und ein schwarzes Tuch, darüber gebreitet, flatterte klatschend im kälteren Winde.

2

Unter Conrad Ferdinand Meyers Wasser- und Brunnengedichten gibt es eins, das wie ein melancholischer Epilog zu *Tod in Venedig* klingt, bei näherer Betrachtung aber eher auf Kafkas Erzählung *Der Jäger Gracchus* vorauszuweisen scheint:

Im Spätboot

Aus der Schiffsbank mach ich meinen Pfühl.
Endlich wird die heisse Stirne kühl!
O wie süss erkaltet mir das Herz!
O wie weich verstummen Lust und Schmerz!
Über mir des Rohres schwarzer Rauch

Wiegt und biegt sich in des Windes Hauch.
Hüben hier und wieder drüben dort
Hält das Boot an manchem flachen Port:
Bei der Schiffslaterne kargem Schein
Steigt ein Schatten aus und niemand ein.
Nur der Steurer noch, der wacht und steht!
Nur der Wind, der mir im Haare weht,
Schmerz und Lust erleiden sanften Tod.
Einen Schlummrer trägt das dunkle Boot.

Gustav von Aschenbach hat Name und Adresse und ist ausgestattet mit den Attributen einer real existierenden Person, die Züge ihres Autors trägt: Ein erfolgreicher Schriftsteller, mit fünfzig geadelt und Verfasser eines viel gelesenen Buchs über Friedrich den Großen, hat er wie Thomas Mann seine homoerotischen Neigungen nie ausgelebt. Ganz anders die Hauptfigur von Kafkas Erzählung *Der Jäger Gracchus*, die zwar eine Vorgeschichte, aber keine Geschichte vor sich hat – selbst der Tod bleibt ihr verwehrt. Der fast zeitgleich entstandene Text ist in jeder Hinsicht ein Gegenpol zu *Tod in Venedig*, und das Einzige, was beide miteinander verbindet, ist das oberitalienische Ambiente. Denn anders als Kafkas Geschichten, die außer dem *Amerika*-Roman überall und nirgends, de facto aber in Prag spielen, landet *Der Jäger Gracchus* in Riva am Gardasee, eine Ortsangabe, die im Kontext von Kafkas Werk eine Ausnahme bildet. Auch die Nachwirkung des Fragment gebliebenen und erst postum veröffentlichten Texts ist derjenigen von *Tod in Venedig* diametral entgegengesetzt: Nur wenige Kafka-Forscher haben den Geheimcode der Erzählung zu knacken versucht und sich an der harten Nuss die Zähne ausgebissen.

Als biographische Eselsbrücken dienten Kafkas Aufenthalte am Gardasee. Er war zweimal in Riva: Einmal 1909, als er die Flugschau von Brescia besuchte, zum zweiten Mal 1913, als er sich, offiziell noch verlobt mit Felice Bauer, in eine Schweizerin verliebte, mit der er sich durch Klopfzeichen verständigte – sie wohnte unter ihm – und Bootstouren auf dem See unternahm. Es waren unbeschwerte Tage – nach eigenem Bekunden Kafkas erste Liason mit einer nichtjüdischen Frau, und diese Konstellation kehrt, literarisch verschlüsselt und traumhaft verzerrt und entstellt, in der Erzählung wieder, deren Beginn an eine aus Riva verschickte Ansichtskarte an Kafkas Schwester Ottla erinnert: »Zwei Knaben saßen auf der Quaimauer und spielten Würfel. Ein Mann las eine Zeitung auf den Stufen eines Denkmals im Schatten des säbelschwingenden Helden. Ein Mädchen am Brunnen füllte Wasser in ihre Bütte. Ein Obstverkäufer lag neben seiner Ware und blickte auf den See hinaus.«

In diese südländische Idylle gleitet lautlos, wie es heißt, ein Kahn. Zwei schwarz gekleidete Männer tragen eine Bahre an Land, auf der unter einem Seidentuch ein Mensch liegt, ein Toter offenbar, denn der Bürgermeister von Riva, der jetzt hinzutritt, trägt ein Trauerband am Hut, während die Träger, gefolgt von einem Taubenschwarm und einer Schar neugieriger Kinder, im nächsten Haus verschwinden. Die Erzählweise, nein: die Schnitttechnik erinnert, wie so oft bei Kafka, an einen Stummfilm. Die Kinder werden verscheucht, die Bahre am Kopfende eines leeren Saals abgestellt, während die Frau des Bootsmanns draußen die Tauben füttert, von denen eine, »groß wie ein Hahn«, dem Bürgermeister die Nachricht überbracht hat, der Jäger Gracchus komme in die Stadt. Und es entspinnt sich folgender Dialog:

»Sind Sie tot?«

»Ja«, sagte der Jäger, »wie Sie sehen. Vor vielen Jahren (...) stürzte ich im Schwarzwald – das ist in Deutschland – von einem Felsen, als ich eine Gemse verfolgte. Seitdem bin ich tot.«

»Aber Sie leben doch auch«, sagte der Bürgermeister.

»Gewissermaßen«, sagte der Jäger, »gewissermaßen lebe ich auch. Mein Todeskahn verfehlte die Fahrt, eine falsche Drehung des Steuers, ein Augenblick der Unaufmerksamkeit des Führers (...), nur das weiß ich, dass ich auf der Erde blieb und dass mein Kahn seither die irdischen Gewässer befährt. So reise ich, der nur in seinen Bergen leben wollte, nach meinem Tode durch alle Länder der Erde.«

Dies sind die Kernsätze der Erzählung, und sie sind in mehr als einer Hinsicht interpretationsbedürftig: Ist der Jäger Gracchus ein Untoter, der als Zombie oder Vampir die Lebenden heimsucht? Das wäre viel zu vordergründig – Grusel und Horror, Okkultismus oder Spiritismus scheiden als Schreibmotive aus. Der Name Gracchus – das wurde häufig bemerkt – verweist nicht auf ein römisches Patriziergeschlecht, sondern auf das italienische *gracchio*, eine Anspielung auf das tschechische Wort für Dohle (*kavka*), wie der Autor sie gerne betrieb. Franz Kafka litt an Schlaflosigkeit und rang seine der Traumlogik gehorchenden Texte auf Kosten seiner Gesundheit den Nachtstunden ab – ein Zustand zwischen Wachheit und Schlaf, den er als Tod auf Raten oder vorgezogenes Sterben empfand – bekanntlich galt der Schlaf als Bruder des Tods.
So weit, so gut – vielmehr so schlecht: Denn wie passt diese selbstreferentielle Interpretation zur Jagd auf Gemsen, denen Gracchus nachstellt – ausgerechnet im Schwarz-

wald, wo es keine Gemsen gibt? Sind mit den Gemsen Frauen gemeint, wie ein Kafka-Forscher mutmaßt, ist Gracchus also ein Schürzenjäger? An anderer Stelle ist von Wölfen die Rede, denen der Jäger das Fell abzieht, doch es genügt festzuhalten, dass er in der dünnen Luft des Gebirges nach edlem Wild pirscht – eine Metapher für Kafkas Schreibversuche auf der Jagd nach der perfekten Übereinstimmung von Sache und Wort, künstlerischer Idee und literarischem Text.

> »Ich bin«, antwortete der Jäger, »immer auf der großen Treppe, die hinaufführt. Auf dieser unendlich weiten Freitreppe treibe ich mich herum, bald oben, bald unten, bald rechts, bald links, immer in Bewegung. (...) Nehme ich aber den größten Aufschwung und leuchtet mir schon oben das Tor, erwache ich auf meinem alten, in irgendeinem irdischen Gewässer öde steckenden Kahn.«

Es ist mehr als fraglich, ob Kafka das altägyptische Totenbuch gelesen hatte, demzufolge der Verstorbene auf einer Barke die Unterwelt durchquert, um sich anschließend vor dem schakalköpfigen Gott Anubis und dessen Schreiber Thot (sic) für seine Taten zu rechtfertigen. Die Ägyptologie steckte noch in den Kinderschuhen; wenn überhaupt, kannte Kafka diese Überlieferung nur vom Hörensagen. Trotzdem oder gerade deshalb ist es verblüffend, wie genau die Parabel vom Jäger Gracchus zu einem jahrtausendealten Papyrus aus der Zeit des mittleren Reiches passt: »Jeder Gott, der dem Verstorbenen nicht eine Treppe schlägt, wenn er aufsteigt und sich zum Himmel erhebt, dessen Opferkuchen sollen nicht existieren.« (Siegfried Morenz, op. cit.)
Was Kafka zumindest in Umrissen geläufig war, ist die literarische Tradition, die seine Geschichte fortschreibt,

von Heine und Wagner bis zu Rimbauds *Trunkenem Schiff* und dessen Nachhall im deutschen Expressionismus. Der Ton von Kafkas Erzählung, poetisch und pathetisch zugleich, klingt wie ein fernes Echo des *bateau ivre* von Rimbaud, besonders im Monolog des Jägers Gracchus mit seiner Anklage gegen Gott und die Welt:

> »Niemand wird lesen, was ich hier schreibe, niemand wird kommen, mir zu helfen; (...) Der Gedanke, mir helfen zu wollen, ist eine Krankheit und muss im Bett geheilt werden.« (...)
>
> »Außerordentlich«, sagte der Bürgermeister, »außerordentlich. – Und nun gedenken Sie bei uns in Riva zu bleiben?«
>
> »Ich gedenke nichts«, sagte der Jäger lächelnd. (...) »Mein Kahn ist ohne Steuer, er fährt mit dem Wind, der in den untersten Regionen des Todes bläst.«

So weit der metaphysische Aspekt des Texts, der dessen Interpreten zu theologischen Spekulationen verführt hat. Näherliegend wäre eine Lesart, die sich aus dem biographischen Kontext ergibt. In Riva hatte Kafka eine in Genua lebende Schweizerin kennengelernt und, vor dem Hintergrund der gescheiterten Verlobung mit Felice Bauer, ernsthaft über eine feste Bindung nachgedacht. Nicht von ungefähr erinnert der von Tauben eskortierte Trauerzug des Jägers Gracchus an eine Hochzeitsgesellschaft, und sein Wunsch, in Riva zu bleiben, bekommt eine zusätzliche Bedeutung, wenn er sagt: »Und in das Totenhemd schlüpfte ich wie ein Mädchen ins Hochzeitskleid.« Erlösung durch Liebe: Das Thema der Hochzeit, von Sindbad bis Hamlet und vom *Ancient Mariner* bis zum *Fliegenden Holländer* ein konstituierendes Element des Totenschiff-Motivs, war für Kafka kein Bildungsrelikt, sondern ein ureigenes Anliegen. Zeit seines Lebens quälte er sich mit der für ihn ausweglosen Alternative: Schreiben als Berufung oder bürgerlicher Beruf und Familie? So besehen ist der im Jäger Gracchus geschilderte Konflikt nicht allzu weit entfernt vom Widerspruch zwischen Künstler und Bürger, der, von *Tonio Kröger* bis zum *Doktor Faustus*, das Werk von Thomas Mann durchzieht.

Nur ein Detail passt nicht zu dieser in sich schlüssigen Interpretation. Das in der Kajüte hängende Bild eines Buschmanns verweist auf Kafkas Kolonialismuskritik, die in Texte wie *Bericht für eine Akademie* oder *In der Strafkolonie* eingeflossen ist. Im *Jäger Gracchus* bleibt es ein Fremdkörper, eine gewollte Irritation des Lesers, die wie das Gemälde einer Heidelandschaft im Roman *Prozess* nicht wegretuschiert werden darf:

> An der Wand mir gegenüber ist ein kleines Bild, ein Buschmann offenbar, der mit einem Speer nach mir zielt und hinter einem großartig bemalten Schild sich möglichst deckt. Man begegnet auf Schiffen manchen dummen Darstellungen, diese ist aber eine der dümmsten.

IV. AUF DEM MEERESGRUND IST DAS LAND BILLIG

Von der Seeschlacht zum Totenschiff

1

»Deutschlands Zukunft liegt auf dem Wasser«, hatte Wilhelm II. 1898 dekretiert, und der damit einhergehende Weltmachttraum zerstob spätestens 1916 nach der Schlacht am Skagerrak, in der es keinen Sieger, sondern nur Verlierer gab. Zwar büßte die britische Flotte doppelt so viel Schiffstonnage ein wie die deutsche, doch der Erste Weltkrieg wurde nicht auf See entschieden, sondern in den Schützengräben vor Verdun. Ähnlich wie elf Jahre zuvor das Seegefecht von Tsushima, das Russlands Niedergang und Japans Aufstieg zur Großmacht besiegelte, löste die Schlacht am Skagerrak eine Welle von Streiks und Demonstrationen aus, in denen ein neuer Akteur die historische Bühne betrat: Revolutionäre Matrosen, eine radikale Vorhut der Arbeiterklasse, die politisches Bewusstsein mit militärischer Disziplin verband und die Waffen des Krieges gegen ihre Unterdrücker kehrte:

Entrollt euren Marsch, Burschen von Bord!
Schluss mit dem Zank und Gezauder.
Still da, ihr Redner!
Du
hast das Wort,
rede, Genosse Mauser!

Brecht das Gesetz aus Adams Zeiten.
Gaul Geschichte, du hinkst (...)
Woll'n den Schinder zu Schanden reiten.
Links!
Links!
Links!

So markig feierte Ernst Busch, frei nach Majakowski und zu Musik von Hanns Eisler, die neuen Helden in *Oktobersturm* und nahm damit ein Drama von Heiner Müller vorweg, in dem die Mauserpistole als Ultima Ratio der Revolution fungiert. Noch kürzer hat Theodor Plivier in seinem nach dem Ersten Weltkrieg viel gelesenen Roman *Des Kaisers Kulis* den Sachverhalt auf den Punkt gebracht:

Des Kaisers Flagge sinkt!
Die rote Fahne steigt. (...)
Und der Oberste Kriegsherr, Wilhelm II. Imperator Rex!?

Nachdem er im Automobil über die Grenze geflohen ist, fragt ihn sein Adjutant, Oberstleutnant Niemann, warum er nicht an der Spitze seiner Truppen den Tod gesucht habe. Er antwortet: »Die Zeit der heroischen Geste ist vorüber!«

Doch bevor meuternde Matrosen, Arbeiter- und Soldatenräte die Abdankung des Kaisers und die Ausrufung der Republik erzwangen, lief die Kriegsmaschinerie noch einmal auf Hochtouren. Die explosive Stimmung jener Jahre lässt sich ablesen an Reinhard Goerings Drama *Seeschlacht*, das bei der Uraufführung 1918 in Dresden einen Skandal verursachte und erst in Berlin, von Piscator inszeniert, zum Theatererfolg wurde. Dabei fragt man sich, wieso die Zensur des Kaiserreichs diese kritische Infragestellung zuließ – das NS-Regime hätte die Aufführung wegen Wehrkraftzersetzung verboten, und im Zeitalter des Kalten Krieges hätten beide deutsche Staaten sich damit schwergetan. »Das Stück beginnt mit einem Schrei«, heißt es gleich zu Anfang, und die Widmung »Mutter!« spricht Bände. Das Ausrufezeichen ist wörtlich zu nehmen: Es ist das Leid der Kriegsheimkehrer, Verstümmelten und Gefallenen, der Schmerz der Hinterbliebenen, der sich hier artikuliert, unbekümmert um die literarische Form und um jedwede Konvention.

Der Text wird zum Aufschrei, und das Adjektiv expressionistisch ist zu schwach zur Kennzeichnung des Texts, der schwer zu lesen und noch schwerer zu inszenieren ist, weil er in seiner Struktur und Sprache die auf der Bühne tobende Schlacht nachvollzieht: Ein Stahlgewitter im wahren Sinne des Worts, obwohl der Autor, anders als Ernst Jünger, kein Kriegsheld war, sondern nach kurzem Fronteinsatz ein Lungenleiden in der Schweiz auskurieren musste. Das ist nur scheinbar ein Paradox, denn Goering stammte aus einer erblich belasteten Familie: Der Vater beging Selbstmord, und die Mutter starb im Irrenhaus, was die Widmung »Mutter!« noch quälender macht (dass auch Reinhard Goering seinem Leben ein Ende setzte, nachdem er vergeblich die Aufnahme in die NSDAP und/oder Einweisung in die Psychiatrie beantragt hatte, sei nur in Klammern hinzugefügt). Doch zurück zur *Seeschlacht* – es genügt, die Regieanweisungen zu zitieren, um den Ablauf des Dramas zu verdeutlichen:

> Die Handelnden sind sieben Matrosen, die im Panzerturm eines Kriegsschiffs in die Schlacht fahren ... Die Leute legen sich hin und schicken sich an einzuschlafen ... Sie lachen im Traum ... In diesem Augenblick ertönen Trommel und Horn ... Alle ab. Einen Augenblick bleibt der Turm leer.

Dann kehren die Leute zurück. Von nun an wechseln die aufgezeichneten Worte mit Rufen und Befehlen ... Explosion im Turm. Er füllt sich mit Rauch. Alle liegen am Boden, nur der dritte Matrose steht sterbend gegen die Panzerung gelehnt ... Die übrigen erheben sich wieder ... Man schafft den dritten Matrosen hinauf ... Explosion. Hinfallen ... Tür öffnet sich. Gasmasken werden hereingeworfen ... Explosion. Das Licht geht ganz aus. Die Leute sind alle am Boden, aber nicht zu erkennen in ihren Gasmasken ... Das Licht geht wieder an. Man sieht nun deutlich den Mann an der Kanone und die übrigen hingestreckt ... Der sechste Matrose stirbt ... Die Leute gehen auf die Knie, heben die Hände flehend und rutschen hinter dem einen her ... Explosion. Der erste, vierte und fünfte Matrose liegen mit abgerissenen Gasmasken sterbend am Boden ...

Knapper und eindrücklicher lässt sich das Inferno einer Materialschlacht kaum darstellen, in der nicht mehr Menschen, sondern Maschinen gegeneinander kämpfen. Die Protagonisten tragen Nummern anstelle von Namen, und statt biographischer Details erfährt man nur, dass der erste Matrose abergläubisch, der zweite ängstlich, der dritte sexbesessen ist, während der fünfte zur Meuterei aufrufen will, im Augenblick der Gefahr aber seine Pflicht erfüllt.

Der erste Matrose: Mit leisen Laternen schleicht hier oben etwas hin. / Davon kann ich mit dir nicht sprechen, / aus meilenlosen Ländern kommt das. / Das wäre nichts? / Ahnungen gäbs nicht? / O warum bin ich heute schwach und rede!
Der zweite Matrose: Was denn für Ahnung, Junge? / Zeig mal!
Der erste Matrose: Dass wir sie diesmal treffen, / und dass keiner zurückkommt.

Anklänge an *Woyzeck* und *Dantons Tod* sind unüberhörbar, aber anders als bei Georg Büchner sind es keine individuellen Subjekte – es ist ein durch Befehl und Gehorsam zusammengeschweißtes Kollektiv, das, auf Gedeih und Verderb aneinandergekettet, gemeinsam untergeht. So besehen gleicht das Drama dem Gesang der Jünglinge im Feuerofen, die ohne Selbstmitleid dem Tod entgegengehen, wohl wissend, dass, anders als in der biblischen Legende, kein Wunder sie retten wird.

> *Der zweite Matrose:* Gib acht, wie wir ersaufen können, / wenns sein muss, / als hätten wirs gelernt. / Wie wir die Blicke, / noch voll vom Jugendglanz der Welt, / ins salzige Wasser senken, / salzige Tränen sparend.
> *Der vierte Matrose:* Durch Glut wie diese / kocht man sich selber weich! / Wenn Schiffe kommen / (...) / wenn Kiele jagen, Rohre schwenken, Schlacht brüllt, / nackte Männer in Kohlenbergen springen / und alles ächzt vor Tat, / sagt mir: was ists weiter, / als wir tun unsre Arbeit, / wie sie uns zufiel?

Das kapitalistische Arbeitsethos wird bruchlos übertragen auf den Krieg, der wie eine gut geölte Maschine läuft, die, einmal in Gang gesetzt, nicht mehr zu stoppen ist. Nur einer der Männer zweifelt am Sinn des Ganzen, und mit seiner Ambivalenz, schwankend zwischen Rebellion und Resignation, ist der fünfte Matrose der einzige, dessen Haltung psychologisch motiviert und dadurch glaubhaft wird – ein moderner Hamlet, wenn man so will:

> *Der fünfte Matrose:* Ich wollte lieber noch glauben: / Dass wir Glas, Spielzeug, Puppen / in eines irren Riesen Hand / sind, als dass Sinnvolles waltet / über uns. / (...) / Was unser Land von uns verlangt, / müssen wir tun, nicht wahr?
> *Der erste Matrose:* Gewiss.
> *Der fünfte Matrose:* Kann nicht Wahnsinn herrschen / unter einem ganzen Volk / und denen zumal, die es leiten? / Was Wahnsinnige wollen, / müssen wir tun dann? / (...) / Ich

weiß, Wahnsinn und Verbrechen ist es, / was wir tun, / (...) / weil es Dinge gibt zwischen Mensch und Mensch, / die zu erfüllen / heiligere Pflicht den Menschen ist / als jeder andere Kampf.
Der erste Matrose: (...) Gefährlich sprichst du.

Der fünfte Matrose soll wegen Anstiftung zur Meuterei verhaftet werden, aber der Ausbruch der Schlacht verhindert die Durchführung des Befehls. Der Zweifler stellt seine Bedenken zurück und kämpft an vorderster Front, bevor er sterbend das bittere Fazit zieht, mit dem das Stück ausklingt: »Ich habe gut geschossen, wie? / Ich hätte auch gut gemeutert! Wie? / Aber schießen lag uns wohl näher? Wie? / Muss uns wohl näher gelegen haben?«
Eine andere Art von Infragestellung des Krieges spricht aus Erinnerungen an Landgänge und amouröse Abenteuer, bei denen Exotik sich auf Erotik reimt – ein im Umkreis der Totenschiff-Thematik häufig wiederkehrendes Motiv, dessen vielfältige Facetten hier nur angedeutet werden können:

Der dritte Matrose: Jung hör, wir sprechen von Samoa. / (...) Weiber gibts da! / Wir nanntens: Dattelnpflanzen! / (...) Weiber waren immer zwei und zwei zusammen / und immer zwei zählten für eine. / Ich lüge nicht. / Es waren lustige, flinke Dinger, / halfen sich und den Männern, / und wir sahen niemals eine Gesichter ziehen. / Wir haben Datteln gepflanzt / so viel wir konnten.

Der Text bestätigt so das seit Bougainville und Cook kursierende Klischee von der sexuellen Freizügigkeit der Südsee-Inseln, ein Irrtum, den die Ethnologin Margaret Mead weiter verbreiten half, obwohl die Devise *Make love not war* weder in Samoa noch auf anderen Inseln galt. Dass die

Männer im Panzerturm am Ende nicht dem Lockruf der Liebe folgen, sondern dem Imperativ des Krieges, versteht sich fast von selbst.

2

Das von Karl Gröning und Gisela Pferdmenges entworfene Umschlagbild des rororo-Taschenbuchs zeigt den Blick durchs Bullauge auf ein Schiff, dessen Bordwand dermaßen von Rost zerfressen ist, dass die Brücke mit den Decksaufbauten beim Auslaufen aus dem Hafen an der Kaimauer hängenbleibt, wie der Autor des Buches schreibt: Sein Name ist Traven, der Titel des Romans ist *Das Totenschiff*, und das ist alles, was der Leser erfährt, bevor er das Buch aufschlägt, dessen Cover so grünstichig ist wie das Meer, die Bordwand des Dampfers und der schief geneigte Schiffsschornstein, vor dem eine dunkle Gestalt auf der Kommandobrücke steht. Dabei wird nicht klar, ob es sich um den Kapitän des Totenschiffes handelt, um den Autor B. Traven oder um den amerikanischen Seemann, dessen Geschichte, dem Untertitel zufolge, der Roman erzählt. Allein zwischen 1954 und 1964 wurde die Taschenbuchausgabe über 200.000 Mal verkauft, so dass die Verlagswerbung, es handle sich um einen Weltbestseller, der Millionen Leser begeistert hat, nicht übertreibt.

Travens *Totenschiff* ist eine Fortschreibung von Goerings *Seeschlacht* und Rimbauds *Trunkenem Schiff*, eine Fortschreibung auf höherer und niedrigerer Ebene zugleich – das ist nur scheinbar ein Widerspruch. Der Kaiser hat abgedankt und der Zar ist gestürzt, aber der Krieg geht weiter: An die Stelle des mechanisierten Todes im Panzerturm oder Schützengraben trat der unerklärte Krieg aller gegen alle, eine Anarchie, die nichts Fröhliches oder gar Befreiendes an sich hatte und der weder der Friedensplan von US-Präsident Wilson noch der neu gegründete Völkerbund Einhalt bieten konnten. Im Gegenteil: Der Versailler Vertrag häufte neuen Konfliktstoff an, und die geheime Zusammenarbeit von Reichswehr und Roter Armee nahm den Hitler-Stalin-Pakt vorweg, mit dem der Zweite Weltkrieg begann.

> Wir sterben schweigend und in Lumpen, wir haben keinen Namen und keine Nationalität. Wir sind niemand, wir sind nichts. Heil dir, Caesar Augustus Imperator, du hast keinen Witwen und Waisen Pension zu zahlen. (...) Die Todgeweihten grüßen dich! Morituri te salutant!

Der Welterfolg des 1959 verfilmten Romans ist nicht nur darauf zurückzuführen, dass und wie er den Zynismus der »lost generation« nach dem Ersten Weltkrieg widerspiegelt, sondern ebenso sehr auf die Tatsache, dass Traven heterogene Themen und Motive aus dem Umkreis des Totenschiffs bündelt und, ohne Angst vor Gemeinplätzen, selbst abgenutzten Klischees überraschende Wirkungen abgewinnt. »Doch ich lieg' nicht an einem Riff / Ich fahre auf dem Totenschiff«, heißt es in einem dem Text vorangestellten Shanty, den Hans Albers als Schlager hätte vermarkten können, und am Schluss des Buchs erklingt ein Tod und Teufel verspottendes Seemannslied, das ebenso gut zu Wagners *Fliegendem Holländer* passt:

> Ich pfeife auf das Weltgericht, / An Auferstehung glaub' ich nicht, / Ob's Götter gibt, das weiß ich nicht, / Und Höllenstrafen fürcht' ich nicht. // Hoppla he, auf weiter See, / Hoppla, hoppla, he!

Das gesamte Repertoire des Totenschiff-Motivs wird durchgespielt, von der Inschrift am Tor zu Dantes Inferno *Wer hier eingeht / Dess' Nam' und Sein ist ausgelöscht* über Edgar Allen Poes *Mahlstrom* bis zum ewigen Juden, der Späne vom Kreuz Christi auf einem Jahrmarkt in Irland verkauft: »Jeder Splitter kostete eine halbe Krone, und das Vergrößerungsglas, das die Leute dazu kaufen mussten, um den Splitter auch zu sehen, kostete eine andre halbe Krone.« Das ist kein Antisemitismus, sondern historisch verbrämte Zeitkritik wie in der Gestalt des fliegenden Holländers, den Traven leibhaftig auftreten lässt:

> In Algier traf ich eines Tages einen Mann, der behauptete, 175 Jahre alt zu sein. (...) Ich fragte ihn, was für Ladung die Yorikke zu jener Zeit fuhr. Darauf antwortete er mir: »Zu jener weit zurückliegenden Zeit (...) diente die Yorikke Napoleon Buonaparte als Transportschiff, um Soldaten nach Ägypten zu befördern. (...) Bei jener denkwürdigen Gelegenheit geschah es, wo mir der Mittelfinger meiner linken Hand von einem schlecht zielenden englischen Kanonier abgeschossen wurde.« Er zeigte mir die Hand, und da fehlte in der Tat der Mittelfinger, was mir unzweideutig bewies, dass der Mann die reine Wahrheit erzählte.

Für die Matrosen in Goerings *Seeschlacht* ist die Meuterei, sprich Revolution, eher eine Utopie als eine realistische Alternative, aber zehn Jahre später hat auch diese Option ihre Glaubwürdigkeit verloren: Die Revolution wird ad acta gelegt – von Sozialdemokraten ebenso wie von Kommunisten, die nur noch Machtinteressen vertreten, obwohl oder weil die Dockarbeitergewerkschaft auf Befehl aus Moskau jeden Hafen der Welt lahmlegen kann. An die Stelle des Fortschrittsdenkens tritt der Kampf aller gegen alle, wie ihn Döblin in *Berlin Alexanderplatz* und Céline in

Reise ans Ende der Nacht schildern, zwei fast zeitgleich entstandenen Meisterwerken des modernen Romans. Nur wer sich als brutal und rücksichtslos genug erweist, hat eine Chance im Überlebenskampf, und individueller Anarchismus ist die angemessene Antwort auf die Anarchie des Kapitals, die den Einzelnen tiefer herabwürdigt als jede Form von Sklaverei.

> Seitdem ich auf der Yorrike gewesen bin und sie gefahren habe, glaube ich nicht mehr an die herzzerreißenden Geschichten der Sklaven und der Sklavenschiffe. So dicht, wie wir gepackt waren, sind Sklaven nie gepackt worden. So hart, wie wir arbeiten mussten, haben Sklaven nie zu arbeiten brauchen. (...) Sklaven waren Handelsware, für die bezahlt worden war und für die man hohe Bezahlung erwartete. (...) Seeleute sind freie Menschen. Sie sind frei, verhungert, verlumpt, übermüdet, arbeitslos und darum gezwungen zu tun, was von ihnen verlangt wird, und zu arbeiten, bis sie zusammenfallen. Dann werden sie über Bord geworfen, weil sie das Futter nicht mehr wert sind.

Statt an das soziale Gewissen seiner Leser zu appellieren, weist Traven hier den Opfern der Gesellschaft Mitschuld an ihrem Elend zu.

> Mitleid mit Sklaven? Mitleid mit Soldaten und mit Soldatenkrüppeln? Hass gegen Tyrannen? Nein! Zuerst sind die Sklaven da, dann erscheint der Diktator auf der Bildfläche.

Der spontane Materialismus, der aus diesen Zeilen spricht, gepaart mit Klasseninstinkt und Misstrauen gegen die selbsternannten Interessenvertreter der Arbeiterschaft – all das passt zur Biographie von B. Traven, deren Geheimnisse erst in den sechziger Jahren des vorigen Jahrhunderts partiell gelüftet, aber nie ganz entschlüsselt worden sind.

Dieser Version nach, die eine schon früh geäußerte Vermutung Erich Mühsams bestätigt, wurde Traven 1882 als Otto Feige in Ostbrandenburg, heute Polen, geboren - einer anderen Version zufolge im nördlichen Niedersachsen - und zog unter dem Künstlernamen Ret Marut als Schauspieler einer Wanderbühne von Ort zu Ort. Im Ersten Weltkrieg gab er die pazifistische Zeitschrift *Der Ziegelbrenner* heraus, bevor er in der Münchner Räterepublik als Journalist und Zensor tätig war und, um der standrechtlichen Erschießung zu entgehen, spurlos verschwand. Nach einem Zwischenspiel in London, wo er als Staatenloser ins Gefängnis kam, tauchte Traven Torsvan, wie er sich fortan nannte, in Mexiko unter oder auf und schrieb in alle Weltsprachen übersetzte Abenteuerromane mit sozialkritischer Tendenz, von denen keiner die Dichte und Authentizität des *Totenschiff*-Texts erreicht.
Der Facettenreichtum des Buchs zeigt sich daran, wie einprägsam der Autor die Wechselwirkung von Liebe, Sexualität und Tod verdeutlicht - seit Heine und Wagner ein Hauptstrang der *Totenschiff*-Literatur. Die Braut des Matrosen ist das Meer, und dieses in zahllosen Schlagern popularisierte Klischee kehrt auch hier wieder:

> Da war das Meer, das blaue, herrliche Meer, das ich so sehr liebte, (...) die große festliche Vermählung mit dem Weibe, das so launenhaft war, das so wütend rasen (...), so berückend lächeln, so bezaubernde Schlaflieder singen konnte und so wunderschön, ach so über alle Maßen schön war.

Für begriffsstutzige Leser, die nicht ahnen, welche Stunde geschlagen hat, erscheint der leibhaftige Tod, als Bräutigam oder Hochzeitsgast getarnt, an Bord der *Yorikke*, jenes Seelenverkäufers, auf dem der Ich-Erzähler, ein staatenloser Matrose, soeben angeheuert hat:

> Stellen Sie sich das vor, ein Seemann mit einem Zylinderhut! Hat die Welt so etwas je erlebt? Vielleicht war er die letzte halbe Stunde vor der Ausfahrt noch Schornsteinfeger gewesen. (...) Es schien gar nicht so unmöglich zu sein, dass er von seiner eigenen Hochzeit entsprungen war in jenem verhängnisvollen Augenblick, als es anfing, ernst zu werden.

Es geht nicht länger um die an Land zurückgelassene Braut, die vergeblich die Wiederkehr ihres Bräutigams erhofft, um den fliegenden Holländer von seiner Irrfahrt zu erlösen – die Yorikke selbst wird zur Geliebten, ein dem Untergang geweihtes, morsches Wrack, das wie Rimbauds *bateau ivre* unaufhaltsam dem tödlichen Riff entgegen rauscht, wobei die Erinnerung an Hamlets Ophelia mit Rosa Luxemburgs Tod im Landwehrkanal zu einer Ikone verschmilzt:

> Ja, Yorikke, ich muss es dir gestehen. Ich liebe dich. Liebe dich aufrichtig um deiner selbst willen. (...) Meine Brust, mein Rücken, meine Arme, meine Füße haben Narben von bösen Brandwunden. Jede einzelne Narbe wurde geboren unter einem Schmerzensschrei, der dir galt, Geliebte. (...) Ich will mit dir wandern, mit dir singen, mit dir tanzen und mit dir schlafen. Ich will mit dir sterben, in deinen Armen meinen letzten Seufzer tun, du Zigeunerin der Meere. Du protzest nicht mit deiner glorreichen Vergangenheit und deinem uralten Stammbaum bei Tantchen Lloyd in London.

Die Vielfalt einander überkreuzender Motive und Metaphern kann hier nur angedeutet werden, doch Travens *Totenschiff* ist mehr als ein Zeitbild der zwanziger Jahre oder ein virtuoses Spiel mit Elementen der literarischen Tradition: Der Roman hat eine in die Zukunft weisende

Dimension und nimmt das Schicksal afrikanischer oder asiatischer Boat People vorweg, denen man in den Häfen Amerikas und Europas die Landung verwehrt:

> Man kann ein Totenschiff fahren. Man kann ein Toter sein, ein Toter zwischen Lebenden. Ausgelöscht kann man sein aus der Reihe der Lebenden, hinweg geweht von der Oberfläche der Welt, und kann dennoch gezwungen sein, entsetzliche Qualen zu erdulden, denen man nicht entgehen kann, weil man schon tot ist, weil einem kein weiterer Weg zur Flucht offen gelassen ist.

3

Eine Steigerung scheint kaum mehr möglich – auch ohne expliziten Bezug auf seine Vorläufer hat Traven alle Variationen des Themas durchdekliniert. Die Karten liegen auf dem Tisch, das Blatt ist ausgereizt, so dass den Nachgeborenen, um Travens Text zu überbieten, nur eine Option offensteht: Das Understatement, ein Minimalismus, der, statt noch einmal alle Register zu ziehen, auf überflüssiges Beiwerk verzichtet und das *Totenschiff*-Motiv auf seinen nackten Kern reduziert. Genau das tut Jens Rehn, dessen 1954 erschienener Roman *Nichts in Sicht* so unterschiedliche Autoren wie Gottfried Benn und den jungen Martin Walser begeisterte, später aber, trotz eines Reanimationsversuchs durch Marcel Reich-Ranicki, dem Vergessen anheimfiel.

Jens Rehn, der mit richtigem Namen Luther hieß, war U-Boot-Offizier im Zweiten Weltkrieg, danach in amerikanischer Kriegsgefangenschaft und Literaturredakteur beim Rias Berlin – ein Stiller im Lande, der außer *Nichts in Sicht* kaum Nennenswertes veröffentlicht hat. Sein Buch verzichtet auf die Gattungsbezeichnung Roman und erzählt die Geschichte zweier Schiffbrüchiger, die auf einem Schlauchboot im Atlantik treiben als einzige Überlebende eines Seegefechts, in dessen Verlauf ein US-Bomber ein deutsches U-Boot versenkt, bevor er selbst ins Meer stürzt. Nach den voll orchestrierten Werken von B. Traven und Reinhard Goering wirkt der Text wie ein Kammerspiel mit Anklängen an Samuel Becketts 1953 uraufgeführtes *Warten auf Godot*, wie die deutsche Variante eines existentialistischen Romans, der anders als bei Sartre oder Camus nicht an Land spielt, sondern auf dem Meer:

> Die Dünung war vollständig eingeschlafen. Die Sonne brannte auf die reglose See. Über dem Horizont lag leichter Dunst. Das Schlauchboot trieb nur unmerklich. Der Einarmige beobachtete unablässig die Kimm. Der Andere schlief. Es war nichts in Sicht.

So beginnt das Buch, und schon der kurze Ausschnitt zeigt, dass und wie Jens Rehn auf gesuchte Effekte verzichtet und in knappen Sätzen, eher wortkarg als wortreich, eine Geschichte erzählt, deren Protagonisten namenlos bleiben: Kahlschlagliteratur heißt der aus der Nachkriegszeit stammende Fachausdruck dafür. Die einzige Konzession an den Leser, die einzige Abwechslung, wenn man so will, in dem durch keinen Hoffnungsschimmer aufgehellten Text sind eingestreute Informationen, die wie Zitate aus dem Konversationslexikon oder einem Handbuch für Schiffbrüchige klingen:

> Ein Schlauchboot ist etwa 2,5 Meter lang und 1,5 Meter breit. Der Mittelatlantik ist im Verhältnis hierzu so groß, dass seine genauen Maße keine Rolle spielen. Wenn ein Schlauchboot allein im Mittelatlantik treibt, ist es gleichgültig, ob es im Frieden oder im Kriege dort driftet. (...) Die

> Sonne ist uninteressiert daran, ob der Einarmige ein Amerikaner, der Andere ein Deutscher ist, und ob beide im Jahre 1943 auf einem Schlauchboot hocken. Der Mittelatlantik bleibt groß und das Schlauchboot bleibt klein.

Die Jahreszahl 1943 wirkt fast wie ein Stilbruch im Kontext des Buches; Rückblenden in die Vorkriegszeit sind selten, auch das Kriegsgeschehen wird weitgehend ausgespart, so dass der Roman weder das Bedürfnis nach »Spannung« noch den Voyeurismus der Leser befriedigt, wie es Lothar Buchheims Bestseller *Das Boot* und dem darauf basierenden Film gelang. Wenn ich es richtig sehe, enthält der Text nur eine direkte Anspielung auf das NS-Regime:

> »O Tannenbaum«, sang er, »wie braun sind deine Blätter.«
> »Das kommt von der Partei«, sagte er, »die braunen Blätter«.
> Er verschluckte sich vor Lachen.

Der Autor lässt nur eine Ausnahme zu: Immer dann, wenn von Betsy und Maria, den Freundinnen und Verlobten der beiden Protagonisten die Rede ist, meldet sich die Erinnerung zurück an ein hinter ihnen liegendes »normales« Leben, das den Schiffbrüchigen im Schlauchboot wie eine Fata Morgana erscheint.

> »Hast du auch so 'ne Betsy?«
> »Da waren viele Betsys«, sagte der Andere. »Aber die zählen nicht. Die andere, die zählt, war Maria. Sie ist tot.«
> »Siehst du!« Der Einarmige war zufrieden, dass er recht hatte.
> »Das ist es. Das muss so sein.« (...)
> »Muss nicht«, sagte der Andere.
> »Doch. Todsicher.« (...)
> »Schmerzen?«
> »Nein«, log der Einarmige.

An die Stelle der Aufarbeitung einer wie auch immer gearteten Vergangenheit – sei sie nun politischer oder privater Natur – tritt, ähnlich wie in *Warten auf Godot*, ein Dialog, nein: Monolog mit dem unsichtbaren Gott, der bei Beckett nur noch im Titel anwesend ist, ansonsten aber durch Abwesenheit glänzt, ein *deus absconditus* in der buchstäblichen Bedeutung des Begriffs:

> »Fehlt nur noch, dass wir nach dem ›Sinn‹ fragen!« sagte der Einarmige und zitterte stärker. »Diese verfluchte, alberne Backfisch-Frage nach dem Sinn; Schwachsinn, elender!« (...) Der Andere stand auf. (...) Er blickte noch höher, als die Sterne standen, und sagte leise und gefährlich: »Du – sagte er. »Du da oben! Wenn ich dich zu fassen kriege!«

Und als wäre die Drohung nicht handgreiflich genug, meldet sich der Autor zu Wort und setzt erläuternd hinzu:

> Gott (abstrakt: Gottheit) ist der personifizierte Inbegriff des Heiligen, philosophisch das höchste Wesen. (...) Betont man seinen Gegensatz gegen alles Bekannte, so gelangt man durch Verneinung (via negationis) zu ›Eigenschaften‹ Gottes, die zuletzt leere Abstraktionen werden. (...)
> Der Andere schwieg, und Der-da-oben antwortete nicht.

Der Text wirft existentielle Fragen auf, aber er ist weder ein philosophisches Thesenpapier noch ein theologisches Traktat. Die Suggestivkraft des Buchs liegt darin, dass und wie der Autor sich die Perspektive der Schiffbrüchigen zu eigen macht, deren qualvolles Sterben er schildert. »Ausweglose Leiden erregt kein Mitleid, sondern Abscheu«, heißt es in Lessings *Laokoon*-Essay. Doch gerade der Verzicht auf vorschnellen Trost und auf literarische Schönfärberei bewirkt eine Katharsis, die den Leser mit dem tragischen Ende versöhnt:

Er stand schwarz gegen den gelben und roten Himmel gelehnt und sang seine große Kantate vom Schmerz.
Noch ehe der Gesang zu Ende war, starb er. Er starb schnell und noch im Stehen.
Als er lag, war er schon lange tot.

V. ICH SCHWIMME UND HEULE

Vom Floß der Medusa zum Untergang der Titanic

1

Am 25. Oktober 1917 gab der auf der Newa vor Anker liegende Kreuzer *Aurora* den Startschuss zum Sturm aufs Winterpalais und zum Sturz der provisorischen Regierung in Petrograd. Obwohl der Ablauf der Ereignisse unter Historikern umstritten ist, ging die *Aurora* schon durch ihren sprechenden Namen in die Geschichtsschreibung ein und verschmolz mit dem Panzerschiff *Potjemkin*, dessen Meuterei die Machtergreifung der Bolschewiki vorwegnahm, zu einer Ikone der Oktoberrevolution – Sergej Eisensteins gleichnamiger Film trug entscheidend zur Legendenbildung bei.

Die Metapher vom Staatsschiff stammt aus der Antike, aber ihre Verknüpfung mit der Idee der Revolution ist jüngeren Datums. Die *Meuterei auf der Bounty* wäre hier zu nennen, in erster Linie aber das großformatige Bild eines Schiffbruchs, das hundert Jahre vor der Oktoberrevolution so viel Furore machte, dass es im Louvre abgehängt wurde und nicht mehr öffentlich gezeigt werden durfte: Théodore Géricaults Ölgemälde *Das Floß der Medusa – Le Radeau de la Méduse*. Das mythische Monster, dessen Anblick den Betrachter versteinerte, steht stellvertretend für das größte Fiasko der französischen Flotte nach Abukir und Trafalgar:

> Den 17. Juni 1816, vor sieben Uhr morgens, verließ ein Geschwader, bestehend aus vier Schiffen seiner französischen Majestät Ludwig XVIII., die Reeden von Rochefort und La Rochelle, bestimmt, die Ländereien am Senegal wieder in Besitz zu nehmen, die unter Bonaparte an Großbritannien verloren waren (...) Es lebe der König!

Mit diesem Zitat aus dem Bericht des Wundarztes Savigny, eines Überlebenden des Schiffbruchs, beginnt das von Ernst Schnabel verfasste Libretto zu einem Oratorium von Hans Werner Henze, dessen Hamburger Uraufführung am 9. Dezember 1968 zum Theaterskandal wurde. Dabei ist es weniger der Text des der Gruppe 47 nahestehenden Autors, der im Krieg Marineoffizier und später Intendant des nordwestdeutschen Rundfunk war, als der Zeitgeist von 1968, der die Aufführung platzen ließ, obwohl Henze und Schnabel mit dem Studentenprotest sympathisierten: Ein Lehrstück aus der Frühzeit der westdeutschen Kulturrevolution, als der Amoklauf der RAF-Terroristen noch in weiter Ferne lag. Es ist kein Zufall, dass der Konflikt sich an einem historischen Stoff entzündete, der schon einmal, bei der Enthüllung des Gemäldes von Géricault, eine Welle der Empörung ausgelöst hatte, verbunden mit Rufen nach Polizei und Zensur. So besehen sind die Umstände der gescheiterten Uraufführung aufschlussreicher als Schnabels Text, der das Schicksal der Schiffbrüchigen ins Überzeitliche erhebt oder enthebt, indem er den Fährmann Charon als Sprecher und den Tod als Sopranistin namens *La Mort* auftreten lässt. Und als sei das nicht genug, wird die Tragödie angereichert mit Zitaten aus den *Pensées* von Pascal und der *Divina*

Commedia: »O ihr, auf schwachen Planken Lauschende: / Kehrt um zur Küste, wo ihr hingehört« lautet ein wiederkehrender Refrain. Interessanter als diese Bildungsreminiszenzen sind die Passagen, in denen Ernst Schnabel, dem Bericht des Schiffsarztes Savigny folgend, die Dinge beim Namen nennt:

> Sie liegen auf überspülten Planken, um den
> Mast geschart (...) Lebende, Sterbende –
> Die letzten von einhundertvierundfünfzig
> (...) Vierzehn hat Schwäche getötet,
> neunzehn die Sonne, elf die See.
> Achtzehn sind im Handgemenge um einen
> Schluck Wasser umgekommen,
> neunundvierzig bei einer nächtlichen Meuterei
> (...) Andere haben sich – die Gesichter verhüllt –
> ins Meer geworfen.

Die Mehrstimmigkeit der in den fünfziger Jahren beliebten Radio-Features, deren Gestaltung Ernst Schnabel als Intendant und Redakteur maßgeblich beeinflusst hatte, wirkt hier ebenso nach wie das Dokumentartheater der sechziger Jahre – man denke an Peter Weiss' Auschwitz-Oratorium *Die Ermittlung* oder an sein Stück *Marat/Sade*, das wie kein anderer Theatertext die Kulturrevolution von 1968 antizipierte. Doch im Gegensatz zum Drama von Peter Weiss, dessen elektrisierender Funke von der Bühne ins Publikum überspringt und so die historische Distanz überbrückt, tritt Ernst Schnabels Libretto auf der Stelle und wirkt, trotz oder wegen seiner bemühten Kunstfertigkeit, schulfunkhaft. »Das Glück der Welt trägt einen Federhut. / Wie viele Königreiche wissen nichts von uns!« Dass dieser als Leitmotiv dienende Vers einen Gedanken von Pascal variiert und zugleich die Restauration der Monarchie kritisiert, die das Kommando des Flottengeschwaders unfähigen Adligen übertrug, wurde selbst sachkundigen Hörern und Lesern nicht klar. Dagegen wirkte die Widmung »für Che Guevara« mit der nachgeschobenen Erklärung, das Stück handle »von der Erbärmlichkeit eines restaurierten Establishments«, plakativ und aufgesetzt. *Die Zeit* sprach von »verquollener Hymnik«, die *FAZ* von »Funkdichtung mit gelegentlicher Grundberührung«, und *Der Spiegel* publizierte einen zynischen Kommentar (2. 12. 1968):

> Allein beim Komponisten Henze findet die Revolution nur in der Widmung statt. (...) Zwei Seelen wohnen in seiner Brust - hie Apo, dort Lukullus. (...) Mögen auch Che Guevaras Verdammte dieser Erde auf die Revolution warten - Professor Henze schaut auf zu den Sternen. Er ist der Privatier der modernen Musik.

»Hie Apo, dort Lukullus«: Angesichts dieser falschen Alternative, die Kunst und Musik auf politische Inhalte reduziert und die ästhetische Form zur quantité négligeable erklärt - »unrevolutionäres Eifern für die Revolution« hat der chinesische Dichter Lu Xun das genannt - angesichts der falschen Alternative gab Ernst Schnabel klein bei. Sein Resümee des Skandals klingt ratlos und halbherzig:

> »Ihr sagt nichts, ihr redet nicht mit uns«, sagte der Student an meiner Seite. Da wollte ich sagen: »Man kann nicht mit euch reden. Ihr redet im Sprechchor oder durch das Megaphon, und wenn ihr redet, redet ihr chinesisch. Ihr redet euch betrunken.« (...) Die Wände der Einzelzellen dröhnten von Fäusten und Ho-Ho-Ho-Tschi-Minh. Der Zusammenhang war wiederhergestellt.

2

Auf die Tragödie des Schiffsuntergangs folgt die Farce eines Sturms im Wasserglas, doch der Vorwurf an Kunst und Literatur, sie seien kulinarisch, war damals wie heute ehrenrührig und kam einer öffentlichen Hinrichtung gleich, weshalb Peter Weiss den *Spiegel*-Verriss als »Henkersarbeit« bezeichnet hat. Zehn Jahre später wandte er sich, in ganz anderem Kontext, noch einmal dem *Floß der Medusa* zu, das jetzt, zusammen mit Picassos *Guernica*, dem Pergamonaltar und anderen großen Kunstwerken, die Hoffnung auf den Sieg der Revolution verkörpert, ebenso wie deren blutiges Scheitern, eine Ambivalenz, die schon im Titel seiner *Ästhetik des Widerstands* zum Ausdruck kommt. Fast zeitgleich erschien, ebenfalls bei Suhrkamp, Hans Magnus Enzensbergers Gesang vom *Untergang der Titanic*, der ein diametral entgegengesetztes Fazit aus dem kulturrevolutionären Aufbruch der sechziger und siebziger Jahre zog – schon der Untertitel *Eine Komödie* wies darauf hin. Festzuhalten ist an diesem Punkt, dass und wie die Namen berühmter Schiffe, von der *Meuterei auf der Bounty* bis zum Panzerkreuzer *Potjemkin*, von der *Aurora* und *Medusa* bis zur *Titanic*, die Utopie eines Zeitalters und deren schmähliches Ende symbolisieren. Dazu Peter Weiss in seiner *Ästhetik des Widerstands*:

> Zwölf Jahre früher war das Floß der Medusa in die akademischen Kunsträume eingebrochen. (...) Mit seinem gewaltigen Format schon, sieben zu fünf Metern, drohte es, alle übrigen Werke im Salon zu erschlagen, unerträglich aber war den Honoratioren das Thema, das die Korruption der Beamtenschaft, den Zynismus, die Selbstsucht der Regierung entblößte. (...) Der vom Maler geschilderte Augenblick, da der Mast der rettenden Fregatte am Horizont auf-

> tauchte, war mit solcher Verzweiflung, solchem Aufruhr geladen, dass die Vertreter der bourbonischen Restauration ihn mit Recht als einen ersten Schritt zur Revolte gegen ihr Regime deuteten.

Mit diesen Sätzen führt Weiss am Ende des ersten Bands das Gemälde von Géricault in die Romantrilogie ein, und schon der sprachliche Sog, der stakkatohafte Rhythmus unterscheidet seine Prosa von der gepflegten Melancholie von Schnabels Libretto, das den Schiffbruch in astronomische Ferne rückt. Trotz seiner ausführlichen Schilderung der historischen Umstände, die zum Untergang der *Medusa* und zum Elend der auf dem Floß zusammengepferchten Überlebenden führten, interessiert der Malerpoet Peter Weiss sich primär für das Schicksal des Künstlers, mit dem er sich persönlich identifiziert:

> Im Salon Carré stand er unerkannt zwischen den festlich gekleideten Damen und Herrn der Gesellschaft, dem Hofstaat, der Meute der Kritiker, doch als er die Rufe der Bestürzung vernahm (...) und die abschätzigen Bemerkungen hörte über die Farblosigkeit, die lehmige Düsterheit des Gemäldes, erfüllte ihn Genugtuung, Hochmut, nichts könnte ich dran ändern, dachte er, je mehr Schwarz drin ist, desto besser.

Damit nicht alles falsch wird, eine Klarstellung: Der Schiffbruch der *Medusa*, die vor der afrikanischen Küste auf eine Sandbank lief, geschah 1816, der Bericht der Überlebenden erschien 1817, noch vor der Entstehung von Géricaults Bild, und in seiner Mitte der 1970er Jahre geschriebenen Romantrilogie schilderte Peter Weiss ein Geschehen, das wiederum fünfzig Jahre zurücklag: Der fiktive Ich-Erzähler, nur bedingt mit dem Autor identisch, bewundert im Pariser Louvre das Meisterwerk von Géricault und verständigt sich darüber mit Freunden, die wie er unter Lebensgefahr dem Spanischen Bürgerkrieg entkommen sind. Die Parallelen zum Schicksal der Schiffbrüchigen liegen auf der Hand, und Peter Weiss hat dies selbst ausgesprochen:

> Voller Verachtung den Angepassten den Rücken zukehrend, stellten die auf dem Floß Treibenden Versprengte dar einer ausgelieferten Generation, die von ihrer Jugend her noch den Sturz der Bastille kannte. Sie lehnten und hingen aneinander, (...) und dass der Winkende, der Stärkste von ihnen, ein Afrikaner war, vielleicht zum Verkauf als Sklave auf die Medusa verladen, ließ den Gedanken aufkommen an die Befreiung aller Unterdrückten.

Die verschachtelte Erzählperspektive, ein Rückblick im Rückblick sozusagen, macht es dem Leser nicht leicht, die Zeitebenen auseinanderzuhalten, die sich wie Sedimente über- und durcheinander schieben, eine komplexe Gemengelage, bei der, um im Bilde zu bleiben, die Revolution als Leitfossil fungiert. Dabei ist keineswegs klar, ob die utopische Hoffnung, die Peter Weiss auf Géricault projiziert, wie auch deren Scheitern dem Maler vor Augen standen bei der Komposition des Gemäldes, das Motive aus Sintflut-Darstellungen, aber auch aus Dante-Illustrationen aufgreift und zusammenführt. Was Weiss mit Géricault verbindet, ist seine schroffe Ablehnung der akademischen Malerei sowie der verzweifelte Versuch, die Distanz zwischen Künstler und Publikum zu überwinden, indem er den Betrachter in den Text mit einbezieht – ein gemeinsamer Nenner der Avantgardeliteratur um 1968.

> Der Beschauer, so hatte es der Maler gewollt, sollte (...) sich in unmittelbarer Nähe des Floßes wähnen, es sollte ihm scheinen, als hinge er mit verkrampftem Griff an einem der vorspringenden Bretter, zu matt schon, um die Rettung noch erleben zu können. (...) Ihr, die ihr vor diesem Bild steht, so sagte der Maler, seid die Verlornen, denen, die ihr verlassen habt, gehört die Hoffnung.

»Lasciate ogni speranza, voi ch'entrate« – die Analogie zu Dante ist beabsichtigt, aber es fällt auf, dass weder Géricaults Gemälde noch der Text von Peter Weiss das thematisiert, was den Skandal auslöste: die Tatsache nämlich, dass die Schiffbrüchigen auf dem Floß sich gegenseitig massakriert und die Leichen ihrer Kameraden verspeist hatten – Kannibalismus wurde sonst nur Afrikanern unterstellt. Obwohl Géricault anatomische Studien trieb und sogar Köpfe von Guillotinierten zeichnete, ließ er die grausigsten Details weg – so wie Peter Weiss zwar Folterungen und Hinrichtungen minutiös schildert, das Fazit des Schiffsuntergangs aber auf plakative Kolonialismuskritik reduziert:

> Die weiße Rasse, gierig, bis aufs Blut in sich zerstritten, kam angekrochen über die afrikanischen Gestade, (...) die Versprengten, nach dem Schiffbruch, schleppten ihre ausgemergelten Leiber durch den Sand, ihre Verseuchtheit hineintragend in die von den Jahrhunderten des Sklavenhandels erschütterte schwarze Kultur.

Peter Weiss arbeitete sich an den ideologischen Vorgaben und Konsequenzen seines Bekenntnisses zum real existierenden Sozialismus ab, das er Mitte der sechziger Jahre in Enzensbergers *Kursbuch* abgelegt hatte. In der Folgezeit schlug er sich mit sterilen Antinomien und Anachronismen herum, so als stünde noch immer die Auseinandersetzung zwischen Stalin und Trotzki auf dem Programm.

Die politische Gegenwart, von Maos Kulturrevolution über die Boat People Vietnams bis zum Völkermord der Roten Khmer, kommt in der *Ästhetik des Widerstands* nicht vor: Ganz zu schweigen von den Dissidenten des Ostblocks, deren gewaltloser Aufstand die Pseudogewissheiten widerlegte, zu denen Weiss sich bekannte. Nur in den Bildbeschreibungen und Kunstbetrachtungen des Romans blitzen die ästhetischen und erotischen Obsessionen auf, denen das Frühwerk des Autors seine bleibende Aktualität verdankt.

3

Während sich Peter Weiss von seinem politischen Engagement in die Pflicht nehmen ließ, brach Hans Magnus Enzensberger zu neuen Ufern auf. Anders als das *Floß der Medusa* steht das Stichwort *Titanic* für die Hybris des technischen Zeitalters: Ein angeblich unsinkbares Schiff, das nach der Kollision mit einem Eisberg im Nordatlantik versank und die auf dem Bündnis von Adel und Bürgertum beruhende Belle Époque mit in die Tiefe riss – Imperialismus ist ein anderes Wort dafür. Bei Enzensberger sitzt nicht die Bourgeoisie auf der Anklagebank, sondern der Fortschritt, an den Linke wie Rechte glaubten – der Dichter wird zum Seismographen, der künftige Beben voraussagt. So wie Peter Weiss die Kulturrevolution, nahm Enzensberger die Endzeiterwartung der achtziger Jahre vorweg, die Angst vor dem atomaren Erstschlag oder dem großen Gau: Die *Titanic* von 1986 hieß Tschernobyl, und die Tatsache, dass der Reaktorunfall mit dem Auftauchen des Halleyschen Kometen zusammenfiel, passte ins apokalyptische Bild.

Dabei war und ist Hans Magnus Enzensberger kein Prophet, sondern ein genauer Beobachter, der die Signale des Zeitgeists nüchtern registriert und in die Zukunft hinein verlängert. Als Vehikel diente ihm ein literarisches Genre, das älter als der Roman und längst aus der Mode gekommen war – die Verserzählung, ein Ableger des Epos. Die spielerische Form erlaubte es dem Autor, unbekümmert um Kausalität und logische Kohärenz, Persönliches und Politisches, Geschichte und Gegenwart kunterbunt aneinanderzureihen: Pressemeldungen wechseln ab mit Alltagsdetails, philosophische Abstraktionen mit Faits divers, und das heterogene Material wird zusammengehalten von der Schiffskatastrophe, die der Autor, anders als Peter Weiss, nicht rekonstruieren muss, sondern als bekannt voraussetzen kann:

> Nur ganz unten, wo man, wie immer, zuerst kapiert,
> werden Bündel, Babies, weinrote Inletts
> hastig zusammengerafft. Das Zwischendeck
> versteht kein Englisch, kein Deutsch, nur eines
> braucht ihm kein Mensch zu erklären:
> dass die Erste Klasse zuerst drankommt,
> dass es nie genug Milch und nie genug Schuhe
> und nie genug Rettungsboote für alle gibt.

An die Stelle des Aufrufs zur Revolution tritt Sozialkritik, die durch den Verzicht auf hohles Pathos noch glaubwürdiger wird: »Weil im Munde der Arbeiterklasse das Wort Arbeiterklasse nicht vorkommt« schreibt Enzensberger in diesem Zusammenhang. Der Hinweis auf die aus Fertigteilen montierte Dokumentarliteratur führt nicht weiter, denn wie Peter Weiss rekapituliert der Dichter Stationen der eigenen Biographie, besonders seinen Kuba-Aufenthalt von 1968/69, der, mit Aplomb angekündigt, in totaler Desillusion endete. Enzensberger war zu klug, um den Bruch öffentlich zu machen – das hätten seine linken Leser ihm nie verziehen – und zog das Fazit seiner Kuba-Erfahrung nicht in der von ihm edierten Zeitschrift *Kursbuch*, sondern erst Jahre später, zwischen den Zeilen seines *Titanic*-Texts:

> Und ich war zerstreut und blickte hinaus
> über die Hafenmauer auf die Karibische See,
> und da sah ich ihn, sehr viel größer
> und weißer als alles Weiße, weit draußen,
> (...)
> da sah ich den Eisberg, unerhört hoch
> und kalt, wie eine kalte Fata Morgana
> trieb er langsam, unwiderruflich,
> weiß auf mich zu.

Nicht der imperialistische Klassenfeind bedroht Kuba, keine Neuauflage einer bewaffneten Invasion wie noch im *Verhör von Habana*, sondern eine Gefahr, der gegenüber Imperialisten und Revolutionäre im gleichen Boot sitzen. Die abgehobene Metaphorik ist Teil des poetischen Vexierspiels, doch Enzensberger benennt seine Enttäuschung über die kubanische Revolution nicht durch die Blume, sondern ganz direkt, wenn er von der Verhaftung des Dichters Heberto Padilla spricht, der zur Selbstkritik gezwungen wurde, und vom Scheitern der großspurig angekündigten Rekordernte von zehn Millionen Tonnen Zuckerrohr:

> Schuhe gab es nicht und keine Spielsachen
> und keine Glühbirnen und keine Ruhe,

> Ruhe schon gar nicht, und die Gerüchte
> waren wie Mücken. Damals dachten wir alle:
> Morgen wird es besser sein, und wenn nicht
> morgen, dann übermorgen. Naja –
> (...)
> Wir wussten nicht, dass das Fest längst zu Ende,
> und alles Übrige eine Sache war
> für die Abteilungsleiter der Weltbank
> und die Genossen von der Staatssicherheit.

Genauer als andere Interpreten hat Nicolas Born in seiner Rezension für den *Spiegel* (23.10.1978) den Doppelcharakter des Gedichts auf den Punkt gebracht, oszillierend zwischen Tragödie und Komödie, satirischer Zeitkritik und existentiellem Ernst:

> Wenn Enzensberger heute beschreibt, wie er damals am *Untergang* schrieb, und wie, auch damals schon erkennbar, nicht die konkrete Utopie, sondern realer Sozialismus die Verhältnisse zu bestimmen begann, dann hat seine (metaphorische) Titanic gleich noch mal die Flagge gewechselt und befindet sich doch nach wie vor in der Gefahrenzone des Eisbergs.

Born wirft Enzensberger »Geschicklichkeiten« vor und meint damit das breite Repertoire lyrischer Formen, vom Blues zum Shanty und vom Bänkelsang bis zum Kirchenlied, die der Dichter wie ein Klaviervirtuose durchspielt. Der Eindruck einer Nummernrevue aber täuscht, denn der Effekt ist genau kalkuliert, und die Leseerwartung wird durch wechselnde Tonlagen, Themen und Motive immer wieder durchkreuzt. Auch die Schlussfolgerung, es handle sich um einen Abgesang auf das Engagement, dem Enzensberger sich verschrieben hatte, ist vorschnell und fragwürdig. Zwar hält er nicht wie Peter Weiss an überholten Positionen fest, doch der Maulwurf der Revolution taucht an unvermutetem Ort, im Palmensalon der *Titanic*, aus dem Untergrund auf:

> Sieh im schwarzen Turban den Henker,
> wie er das Schwert in die Scheide steckt,
> und auf dem hölzernen Pfahl dort
> den abgeschlagenen Kopf!
> (...)
> Ja, sagte John Jacob Astor, ich sehe sie auch.
> Dann schwärmten sie über das ganze Schiff aus. Fackeln
> entzündeten sie. Man hörte unverständliche Schreie.
> (...)
> Plötzlich, am Morgen des vierzehnten April,
> waren sie alle verschwunden. Sie hinterließen nur
> einen wüstenhaften Geruch und den Mist ihrer Tiere.

Die aus einem Bild im Palmensalon entlaufenen Nomaden stehen stellvertretend für die Dritte Welt, »die nicht daran denkt, mit zu ersaufen«, wie Nicolas Born schreibt. Aber auch eine andere Lesart ist möglich: 1978, als der *Untergang der Titanic* erschien, wankte der als Hort der Stabilität geltende Pfauenthron des iranischen Schahs. Damals begann der revolutionäre Aufbruch des Islam, der bis heute die Welt in Atem hält – ein Beweis für das zukunftsträchtige Potential von Enzensbergers Gedicht.

VI. DEMONTAGE DER FESTIGKEIT

Noteboom, Grass und Loschütz

1

> Wenn [die Kunst] aber auf der Höhe angelangt ist, steht sie eben so wenig still (...), sondern sie misst den ganzen Weg zurück und vertieft sich, in treuem Ernst nachholend, was sie in der ersten Begeisterung übersprang, bei jedem Schritt inniger in's Detail.

Der Satz aus Hebbels Kritik an Stifters *Nachsommer* (Hebbel: »Das Komma im Frack«, in: *Werke*, Bd. 3, München 1965) könnte Cees Nootebooms Buch *Die folgende Geschichte* voranstehen, dessen deutsche Übersetzung 1991 erschien, zeitgleich mit dem niederländischen Original. Dieser Umstand, zusammen mit dem spektakulären Erfolg des Buchs im deutschen Sprachraum, vermag vielleicht die Entscheidung zu rechtfertigen, das Werk eines holländischen Autors im deutschsprachigen Kontext zu behandeln.

Das Buch verzichtet auf die Gattungsbezeichnung Roman: Es handelt sich um eine lange Erzählung, die Motive aus Thomas Manns Novelle *Tod in Venedig* und Kafkas *Jäger Gracchus* variiert, im mediterranen Ambiente ebenso wie in der Todesverfallenheit der Figuren. Der Text scheint überall und nirgends zu spielen, ist aber in Lissabon angesiedelt, das hier an die Stelle Rivas oder Venedigs tritt: »Der Rand Europas, das letzte Ufer der ersten Welt, dort, wo der angefressene Kontinent langsam im Meer versinkt«.

Die geographische Verortung steht im Widerspruch zum allgemeingültigen Anspruch des Buches, das, wie aus dem als Motto dienenden Adorno-Zitat hervorgeht, metaphysische Fragen aufwirft und den Grenzbereich zwischen Leben und Tod auszuloten versucht, nicht im medizinischen, sondern in einem existentiellen Sinn – ein Vorhaben, das Anfang der neunziger Jahre noch unter Ideologieverdacht stand.

> Ich stand auf, fuhr mit den Fingern über die fast abgegriffenen Worte in der Säule, die von dem Reich sprachen, das nie untergehen würde, sah, wie das Wasser im Dunkel fortströmte und die Stadt hinter sich ließ wie ein schlafendes Knochengerüst, eine Hülse, in der ich mich verkriechen würde, als stünde mein Bett nicht in einer anderen Stadt, an einem anderen, nördlichen Wasser.

Der Ich-Erzähler, ein Lateinlehrer aus Amsterdam, wacht, ohne zu wissen warum, in einem Hotelbett in Lissabon auf und begibt sich mit sechs Mitreisenden, die seltsam konturlos wirken, auf eine Seereise von Belém an der Mündung des Tejo nach Belém im Amazonasdelta. Schon die Namensgleichheit zwischen Start und Ziel lässt aufhorchen; was als touristische Kreuzfahrt begann, entpuppt sich als Abstieg in die Unterwelt und Eintauchen ins Schattenreich, während das Schiff den Fluss des Vergessens überquert, der bei den alten Griechen Styx, hier aber Amazonas heißt:

> Jeden Abend, wenn man so sagen durfte, würde einer von uns seine Geschichte erzählen, und ich würde sie kennen und nicht kennen, und jede dieser Geschichten würde das Ende einer anderen, längeren Geschichte sein. (...) Bei Ma-

naos überquerten wir die Scheidelinie zwischen dem Amazonas und dem Rio Negro (...), das schwarze Totenwasser geschliffen wie Onyx, das braune gegerbt und zäh, von der Ferne erzählend, dem Urwald.

Es geht um das Erzählen, das sich wie ein Flusslauf verzweigt, wobei das Ende jeder Geschichte mit dem Anfang der nächsten identisch ist, so dass die Geschichte, großgeschrieben, wie die Dünung des Meeres immer neue Geschichten aus sich hervortreibt: Eine postmoderne Poetik, wenn man so will, anknüpfend an Urformen epischen Erzählens bei Gilgamesch und Homer. Philosophisch gesprochen handelt es sich um die Wiederkehr des Gleichen, eine Denkfigur, die den Fortschrittsglauben der Linken wie auch rechte Heilserwartungen in Frage stellt und zugleich einen Paradigmenwechsel von Hegel und Marx zu Schopenhauer und Nietzsche markiert.

»In ein paar Stunden sieht man Belém. Ich war immer der Meinung, dass das eine gute Idee von den Portugiesen war. Man fährt weg in Belém, man kommt an in Belém. Auf diese Weise erreicht man doch noch so etwas wie die ewige Wiederkehr. Woran Sie natürlich nicht glauben.«
»Nur bei Tieren.« Das war nur so dahingesagt.

Anders als bei Darwin gibt es hier kein *Survival of the fittest* und anders als bei Marx keinen Endsieg der Revolution. Der Tod triumphiert über das Leben, und trotz seiner genauen Lokalisierung in Raum und Zeit wirkt der Text zeitlos und ortlos, fremdartig und doch vertraut, faszinierend und irritierend zugleich. Das zeigt sich an den eingestreuten lateinischen Zitaten ebenso wie an den Figuren, die auf dem Schiff zusammenkommen, um sich ihre Geschichten zu erzählen, dabei aber schattenhaft bleiben und nie recht fassbar werden:

Das Meer glänzte und wogte, ich hielt mich an der Reling fest und sah zu den anderen. Zu beweisen war nichts, aber sie hatten sich verändert, nein, sie waren schon wieder verändert. Manche Dinge waren nicht mehr da, Linien fehlten, immer sah ich, ganz kurz, bei einem den Mund nicht, oder ein Auge, für den Bruchteil einer Sekunde war ihre Erkennbarkeit verschwunden, dann sah ich den Körper des einen in dem des anderen, als hätte eine Demontage unserer Festigkeit eingesetzt.

2

Die folgende Geschichte von Noteboom ist eine existentialistische Parabel, die, ähnlich wie Sartres Drama *Das Spiel ist aus* (und der darauf basierende Film), die Grenze zwischen Leben und Tod verwischt. Demgegenüber ist die 2002 erschienene Novelle *Im Krebsgang* von Günter Grass von entschlossener Diesseitigkeit: Sie beschreibt ein historisches Geschehen, den Untergang der *Wilhelm Gustloff*, eines ehemaligen Kraft-durch-Freude-Dampfers, der deutsche Flüchtlinge über die Ostsee transportierte und von einem sowjetischen U-Boot torpediert wurde. Diese Tragödie wird geschildert aus der doppelt gebrochenen Perspektive einer Überlebenden und eines Jugendlichen, der sich mit dem Namensgeber des Dampfers, einem »Blutzeugen« des Nationalsozialismus, identifiziert. In der Rahmenhandlung liegt eine von der Kritik bemängelte Schwäche des Buchs, da die Einfühlung des über siebzigjährigen Autors in einen Computerfreak und die Übernahme des Teenager-Jargons nicht überzeugen. Doch die Darstellung des Schiffsuntergangs besticht durch Glaubwürdigkeit und existentiellen Ernst, weil Grass hier auf eigenes Erleben zurückgreift und seine erzählerischen Mittel genau kalkuliert. Not und Elend deutscher Flüchtlinge in der Endphase des Zweiten Weltkriegs hatte er aus der Danzig-Romantrilogie weitgehend ausgespart; erst die spätere Novelle rückt beides in den Blick, und die Enthüllung seiner Militärdienstzeit bei der Waffen-SS deutet sich hier bereits an. Das Unheil hat Namen und Adresse: Damit ist nicht nur der russische U-Boot-Kommandant gemeint, der ein mit Kriegsinvaliden, Frauen und Kindern überladenes Passagierschiff versenken ließ, sondern das NS-Regime, dessen Überfall auf die UdSSR den Verlust der deutschen Ostgebiete und die Vertreibung ihrer Bewohner nach sich zog.

3

> »Warum erst jetzt?« sagte jemand, der nicht ich bin. Weil Mutter mir immer wieder ... Weil ich wie damals, als der Schrei überm Wasser lag, schreien wollte, aber nicht konnte ... Weil die Wahrheit kaum mehr als drei Zeilen ... Weil erst jetzt ...

Mit dieser Selbstbefragung, mehr Zweifel als Gewissheit artikulierend, beginnt der Text, eher ungewöhnlich für einen versierten Erzähler wie Günter Grass. Dahinter steckt nicht nur ein rhetorischer Appell an den Leser, mit dem der Autor das Eis zu brechen versucht – die Selbstbefragung ist moralisch motiviert. Worum es ihm geht, hat Grass, nicht länger hinter erfundenen Figuren versteckt, auf halber Strecke, im Mittelteil des Buches formuliert:

> Eigentlich, sagt er, wäre es Aufgabe seiner Generation gewesen, dem Elend der ostpreußischen Flüchtlinge Ausdruck zu geben: den winterlichen Trecks gen Westen, dem Tod in Schneewehen, dem Verrecken am Straßenrand (...) Niemals,

> sagt er, hätte man über so viel Leid, nur weil die eigene Schuld übermächtig und bekennende Reue in all den Jahren vordringlich gewesen sei, schweigen, das gemiedene Thema den Rechtsgestrickten überlassen dürfen. Das Versäumnis sei bodenlos ...

Das klingt wie die Wortmeldung auf einer Podiumsdiskussion, die Verlautbarung einer nationalen Institution namens Günter Grass. Doch die existentielle Not, der emotionale Druck sind unüberhörbar, und die drei Punkte am Satzende deuten darauf hin, dass und wie eine Geschichte die nächste und übernächste gebiert – »und und und«, wie man auf Neuhochdeutsch sagt. Um die Fülle des Stoffs zu gliedern, hat Grass ihn auf mehrere Erzählstimmen verteilt, die sich gegenseitig ins Wort fallen, einander widersprechen oder ergänzen. Allen voran ein nicht mehr ganz junger Journalist, der bei Springer und der *taz* volontiert und an einem von Grass geleiteten Schreibkurs im Literarischen Colloquium teilgenommen hat. Der Autor beauftragt ihn, das von seiner Generation Versäumte nachzuholen und den Untergang der *Wilhelm Gustloff* zu beschreiben, bei dem der Ich-Erzähler auf einem Schiffbrüchige rettenden Torpedoboot geboren wurde. Das war am 30. Januar 1945, dem zwölften Jahrestag der Machtergreifung Hitlers und 50. Geburtstag seines Gefolgsmannes Wilhelm Gustloff. Dessen Ermordung durch den Juden David Frankfurter auf einer Werbetour durch die Schweiz wird ebenso thematisiert wie die Geschichte des Kraft-durch-Freude-Dampfers und das Schicksal des U-Boot-Kapitäns, der später im Gulag landete – nicht wegen der Versenkung eines Flüchtlingsschiffs, sondern wegen Verstößen gegen die Parteidisziplin.

Der Sohn des Chronisten dagegen, ein Computerfreak namens Konny, rebelliert gegen den linken Vater und wird so zum Neonazi, der auf seiner Website den Untergang der *Wilhelm Gustloff* rekonstruiert und im weltweiten Netz mit Rechtsradikalen, aber auch mit David, einem angeblich jüdischen Teenager, korrespondiert. Im Mittelpunkt des Erzählkokons, mit dem Grass die Schiffstragödie umspinnt, aber steht Tulla Pokriefke, Lesern der Danzig-Trilogie bekannt aus der Novelle *Katz und Maus*, die sich von einer Sex-Nymphe und Mignon-Figur zur treusorgenden Mutter und gläubigen Kommunistin gemausert hat:

> Niemals, höre ich, hätte er gedacht, dass sich die überlebende Tulla Pokriefke in solch banale Richtung, etwa zur Parteifunktionärin und stramm das Soll erfüllenden Aktivistin entwickeln würde. Eher wäre von ihr Anarchistisches, eine irrationale Tat (...) zu erwarten gewesen oder eine im kalten Licht erschreckende Einsicht. (...) Der Alte kennt Mutter nicht. Und ich? Kenne ich sie?

Tulla Pokriefke – nomen est omen – ist keine historisch verbürgte Person, sondern eine Figur aus dem Erzähluniversum von Grass, und ihre Wandlung von der Anarchistin zur Stalinistin wirft über im Text gestellte Fragen hinausweisende Probleme auf. Hier zeigt sich einmal mehr der fatale Hang des Autors, Extreme miteinander kurzzuschließen wie erst kürzlich in seiner als Gedicht getarnten Warnung vor Israels Atomrüstung, der gegenüber die iranische dann als kleineres Übel erschien. Mit Antisemitismus hat das nichts zu tun, wohl aber mit intellektueller Fahrlässigkeit. So auch hier: Der Neonazi Konny und sein Intimfeind David, der sich mit Israel identifiziert, werden umstandslos miteinander gleichgesetzt nach dem Motto »Les extrêmes se touchent«:

> Leider verzichtete Konnys Gegenspieler (...) nicht darauf, an die weitere Bedeutung des schlimmen Datums und an den

> Namensgeber des gesunkenen Schiffes zu erinnern, indem er (...) die Versenkung des großen Schiffes durch ein kleines U-Boot als die Fortsetzung des »ewigen Kampfes Davids gegen Goliath« zu feiern begann. Er steigerte sich, setzte Wörter wie »Erblast« und »Sühnegebot« in den vernetzten Raum. (...) »Marineskos Mut und die Heldentat Frankfurters dürfen niemals vergessen werden!«

Wie aus dem Zitat ersichtlich, benutzt David dieselbe faschistoide Sprache wie sein Gegenspieler, ohne den völkischen Jargon kritisch in Frage zu stellen – ein Mangel an Reflexion, der auch dem Autor anzukreiden ist:

> Großzügig befand Konny: »Israel ist okay. Genau dahin gehört der Mordjude. Konnte sich dort nützlich machen, im Kibbuz oder sonst wo.« Überhaupt habe er nichts gegen Israel. Dessen schlagkräftige Armee bewundere er sogar. Und völlig einverstanden sei er mit der Entschlossenheit der Israelis, Härte zu zeigen. Es bleibe ihnen ja keine andere Wahl.

Die Gleichsetzung der Extreme führt zu der tödlichen Konsequenz, dass Konny seinen Intimfeind David erschießt, als der bei einem Besuch in Schwerin das Grab von Wilhelm Gustloff bespuckt. Hinterher rechtfertigt er sich mit ebenjenem Satz, den Gustloffs Mörder bei der Festnahme zu Protokoll gab: »Ich habe geschossen, weil ich Jude bin« – »Ich habe geschossen, weil ich Deutscher bin«. Die Ironie liegt darin, dass Täter und Opfer nur virtuelle Rollen spielten – weder war David Jude, noch ist Konny überzeugter Neonazi. Die Novelle endet mit einem Stoßseufzer, der den Schluss nahelegt, auch im Werk von Grass habe die Wiederkehr des Gleichen den Fortschrittsglauben verdrängt: »Das hört nicht auf. Nie hört das auf.«

4

Im Vergleich zum Massensterben in der eiskalten Ostsee – 18 Grad unter null in der Nacht des Schiffsuntergangs –, im Vergleich zu diesem realen Geschehen wirkt die Rahmenhandlung künstlich konstruiert und, je nachdem, frivol oder banal: Der Historikerstreit um die Deutungshoheit über die NS-Vergangenheit wird verkürzt zum Hickhack unter Pennälern. Demgegenüber ist die Schilderung des Schiffsuntergangs ein Meisterstück, bei dem Grass alle Register der Erzählkunst zieht und überzeugend sein Können demonstriert. Das Geschehen wird eingekreist, rückblickend vom Streit um die Totenziffern und vorausschauend durch das Periskop des U-Boots:

> Während die drei beschrifteten Torpedos unterwegs sind, bin ich versucht, mich an Bord der *Gustloff* zu denken. (...) Dort und überall auf den Gängen der anderen Decks, in den einstigen Fest- und Speisesälen riecht es nach Erbrochenem. (...) Die Ventilatoren schaffen es nicht, mit der verbrauchten Luft den Gestank abzusaugen. Seit Auslaufen des Schiffes tragen auf Befehl alle die ausgeteilten Schwimmwesten, doch legen, der zunehmenden Hitze wegen, viele (...) die Schwimmwesten ab. Leise quengeln Alte und Kinder.

Die Glaubwürdigkeit des Texts erwächst aus der Fülle und Dichte sinnlicher Details, die in einer Gesamtschau ausgespart würden, weil sie den meisten Historikern überflüssig oder entbehrlich erscheinen, zu emotionsgeladen sind oder zu speziell:

> Was aber im Schiffsinneren geschah, ist mit Wörtern nicht zu fassen. (...) Kinder, von ihren Müttern getrennt. Kinder, an der Hand die baumelnde Puppe. Kinder, verirrt in bereits geräumten Gängen. (...) Doch die über viertausend Säug-

> linge, Kinder und Jugendlichen, für die es kein Überleben gab, blieben und bleiben abstrakte Zahl (...), weil der Befehl »Nur Frauen und Kinder in die Boote!« nicht befolgt wurde, weshalb sich überwiegend Männer gerettet haben, was nüchtern und kommentarlos die alles Leben abschließende Statistik bewiesen hat.

Noch schockierender als die das Vorstellungsvermögen übersteigende Zahl von bis zu zehntausend Toten ist die Information, dass viele Kinder mit den Köpfen nach unten im Meer trieben, weil die Schwimmwesten beim Aufprall aufs Wasser zur tödlichen Falle wurden.
Schon in der Antike galt eine Seeschlacht, wie sie im römischen Colosseum nachgestellt wurde, als Paradebeispiel für die Beschreibung komplexer Vorgänge, und der folgende Text aus der Rhetorik des Quintilian liest sich, in Regel und Beispiel zugleich, wie eine Vorwegnahme der Schilderung des *Gustloff*-Untergangs:

> Zweifellos drückt die Nachricht, dass eine Stadt geplündert worden ist, alles aus, was ein solches Unheil mit sich bringt, aber sie dringt ihrer Kürze wegen nicht tief genug ins Gemüt ein: Öffnet man aber das, was in den Worten verschlossen lag, erscheinen die durch Häuser und Tempel züngelnden Flammen, der Lärm einstürzender Dächer, und das vielstimmige Geheul verdichtet sich zu einem einzigen Schrei.

Dazu die folgende Passage aus der Novelle von Günter Grass:

> (...) diesen finalen Schrei, der von überall herkam: aus dem Inneren des absackenden Schiffsleibes (...) und von der bewegten Wasserfläche aufsteigend, in der Tausende lebend oder tot in ihren Schwimmwesten hingen. Aus halbvollen und überfüllten Booten, von engbesetzten Flößen, die von Wellen gehoben wurden, in Wellentälern verschwanden, von

überallher stieg gebündelt der Schrei auf und steigerte sich mit dem (...) Heulen der Schiffssirene zu grauenhafter Zweistimmigkeit.

5

Vierzehn Arten, den Regen zu beschreiben: So hieß die von Hanns Eisler komponierte Musik zu einem Experimentalfilm von Joris Ivens, der Amsterdam bei Regenwetter zeigt, und dieser Titel würde auch zu Gert Loschütz' Buch *Dunkle Gesellschaft* passen mit dem Untertitel *Roman in zehn Regennächten*. Der Himmel hat seine Schleusen geöffnet, wie es so schön heißt, und von der ersten bis zur letzten Seite geht eine Sintflut auf den in ein niedersächsisches Bauernhaus geflüchteten Erzähler nieder, der hier ein Stipendium absitzt und das triste Wetter auf dem platten Land so beschreibt:

> Mich ausgerechnet, der immer in Städten am Fluss gelebt hat (...), ausgerechnet mich hat es in diese flusslose Gegend verschlagen, in der das einzige Wasser, das man zu sehen bekommt, jenes ist, das unaufhörlich vom Himmel fällt, nicht als heftig prasselnder Guss, sondern (...) als Niesel-, Faden- und Strippenregen, der die ohnehin reichlich vorhandene Erde anschwellen lässt und sie über die als Asphaltpisten durch die Felder gelegten Wege schwemmt.

Der Ich-Erzähler ist Binnenschiffer von Beruf und hat am Naval College in London, wo eine der Geschichten spielt, ein Patent als Steuermann für Flüsse, Seen und Küstengewässer erworben. Doch obwohl sich Parallelen aufdrängen zur nomadisierenden Existenz des freien Schriftstellers, der sich mit Literaturpreisen und Stipendien über

Wasser hält – hier stimmt die Redensart –, ist der Text von Loschütz keine Parabel, die sich wie eine mathematische Gleichung restlos auflösen lässt. Der Autor rekapituliert Stationen des eigenen Werdegangs, von Niedersachsen über Berlin, London, Wien und Rom bis nach New York, aber anders als bei Noteboom geht es nicht um Metaphysik, sondern um handfeste, realistisch geschilderte Erlebnisse, die um ungelöste Geheimnisse oder unaufgeklärte Verbrechen kreisen. Der Roman ist spannend wie ein Krimi und unheimlich wie eine Horrorstory, obwohl er Gewaltexzesse nicht ausmalt, sondern nur andeutet und so die Atmosphäre einer irrationalen Bedrohung schafft:

> Einmal stand ich da, am Nachmittag, als ich eine dunkle Gesellschaft bemerkte, ganz in Schwarz gekleidete Männer und Frauen auf dem Deck der Kreuz As. (...) Gewöhnlich schweifen die Blicke der Fahrgäste über das Ufer. (...) Diese aber saßen wie Schaufensterpuppen auf ihren Bänken, die Hände im Schoß, keine Miene regte sich in den blassen, ja weißen Gesichtern, ihr Blick ging nach vorn, und ihr Mund war ein dünner Strich, ein warmer Tag, aber die Luft über dem Sonnendeck schien gefroren.

So beschreibt der Autor die im Titel genannte »dunkle Gesellschaft«, die an allen Ecken und Enden des Romans auftaucht und wieder verschwindet, ein Handlungsstrang, der sich wie ein roter oder vielmehr schwarzer Faden durch das Buch zieht. Die Subtilität des Erzählens zeigt sich daran, dass das Totenschiff nicht Pik As heißt – das wäre zu naheliegend –, sondern Kreuz As, ein sprechender Name, der auf mittelalterliche Vorstellungen von Fegefeuer und Hölle, Tod und Auferstehung verweist. Von hier ist es nicht weit zur Legende des fliegenden Holländers, die Loschütz literarisch verfremdet, indem er sie vom

Schiff auf die Schiene und von Rotterdam nach Rom verlegt:

> Die Augen des Toten waren geschlossen, die Nase spitz, der Mund ein Strich, alles im Nebel- oder Gazelicht abweisend, wächsern (...). Mein Großvater, dem ich die Sache schilderte, schrieb zurück, er glaube, dass die Verschwundenen nicht wirklich verschwunden wären, sondern sich an bestimmten Orten sammeln. Wenn ich ihn richtig verstanden habe, ging er davon aus, dass sie sich in einer besonderen Sorte von Zügen befinden, in denen sie unaufhörlich, also ohne jemals auszusteigen, quer durch Europa reisen.

Der Großvater, von dem hier die Rede ist, ist eine gottähnliche Figur, ein Mittler zwischen Diesseits und Jenseits, der weiß, wovon er spricht, weil sein Lastkahn nach einer Begegnung mit der dunklen Gesellschaft von einem Frachter gerammt wurde und in der Themse versank. »Die Dunklen? Die Starren?«, mit diesen Worten hatte er seinen Enkel gewarnt: »Gefährliches Volk«. Doch die Mahnung nutzt nichts, denn schon in der nächsten Nacht erwacht Thomas, der Ich-Erzähler, von einem pfeifenden, sirrenden Geräusch und sieht, ans Fenster tretend, eine Szene, die sein Blut in den Adern gefrieren lässt:

> Er hob in einer genau abgemessenen Bewegung den Arm, und schon sauste die Rute oder Reitpeitsche herab (...), und während es Halt in mir schrie, schaute ich stumm und wie gebannt zu (...). Da war sie, die ganze dunkle Gesellschaft (...), und nahm die beiden, nachdem er die Rute (oder Reitpeitsche) verstaut und sie ihr Kleid wieder runtergerollt hatte, in die Mitte. (...) Morgen Nachmittag würden sie in einer anderen Stadt auf dem Sonnendeck eines anderen Schiffes sitzen und in der folgenden Nacht einen anderen mit dem Sirren oder Pfeifen ihrer Rute oder Reitpeitsche wecken.

Spätestens hier wird klar, worum es geht. Es sind nicht die Schatten Verstorbener wie bei Noteboom, es sind Untote, Zombies, die zum Licht drängen, um den Lebenden die Qualen vorzuexerzieren, die sie erleiden: die Nachtseite der menschlichen Existenz, wie Dante, Hieronymus Bosch und Goya sie dargestellt haben unter dem Motto *Der Schlaf der Vernunft gebiert Monster*.
Auffällig ist der iterative Charakter der Vorgänge: An die Stelle der Wiederkehr des Gleichen tritt *Die unendliche Fahrt* – so der Titel einer Studie von Manfred Frank über Totenschiffe in der europäischen Literatur. Bei Loschütz gehen Sex und Gewalt eine unauflösliche Verbindung ein: Die im Text geschilderten Gewaltakte sind sexuell konnotiert, die Sexszenen verknüpft mit exzessiver Gewalt. Das zeigt sich schon an den düsteren Orten, Hafenanlagen, Lagerschuppen oder stillgelegten Fabriken, die der Erzähler mit obsessiver Genauigkeit beschreibt, als fänden hier sadomasochistische Rituale statt:

> Die einzige Wärmequelle war eine Heizsonne, deren Spirale rot glühte. (...) Durch den Betonboden zogen sich armdicke Rillen, die zu tiefer gelegenen Abflüssen führten, und von Eisenschienen an der Decke hingen Ketten, deren Haken jeweils in eines der oberen Glieder eingeklinkt waren, so dass man darunter durchgehen konnte, ohne mit dem Kopf anzuschlagen (...). Wenn Werkstatt, dann eine für das Handwerk des Schlachtens.

Das verheißt nichts Gutes, und es überrascht nicht, dass die Geschichte, wie das gesamte Buch, böse endet, wobei, anders als im Krimi, das rätselhafte Geschehen nie restlos aufgeklärt wird. Die Vorliebe der Romanfiguren, einschließlich des Ich-Erzählers, für Tätowierungen und schmerzhafte Schnitte, die sie sich oder anderen zufügen, ist ein Indiz für das beschädigte Leben, das Gert Loschütz beschreibt:

> [A]ls sie sich vorbeugte, sah ich die Wunden, die sie sich beigebracht hatte, (...) und als sie auf mir saß, ich in ihr, drückte sie meine Schultern mit einer solchen Gewalt zurück, (...) dass ich die, zwei winzigen Leitern gleich, zu ihrem Mittelpunkt führenden Narbenstriche sah. (...) Und als ich den Kopf wandte, merkte ich, dass nicht ich es war, dem das Küssen galt, sondern ihr Mann, der seine Stirn an die Scheibe drückte.

Dunkle Gesellschaft ist ein kunstvoll verschachtelter Episodenroman, eine Rahmenerzählung, wenn man so will, die auf zwei Säulen ruht: Der Sintflut, die den Protagonisten in einem niedersächsischen Dorf isoliert, und den »Dunklen, Starren«, die ihn um die halbe Welt verfolgen und am Ende einholen, als das »schwarze Maul« eines Überlandbusses die Geliebte und ihren Mann verschlingt. Hier laufen die Erzählstränge zusammen, und fortan ist die *Dezemberflut*, wie sie in den Medien heißt, nur noch eine in Fernsehbildern gespeicherte Erinnerung:

> Baumkronen, die aus dem Wasser ragten, ein Dach, auf dem winkende Menschen saßen, eine Tür, die sich in einem Strudel wie ein Kreisel drehte, und eine große Holzbrücke, die unter dem Ansturm der Flut zusammenstürzte, danach zoomte die Kamera auf einen paddelnden Hund, der die Schnauze aus dem Wasser reckte, bevor er von einer Strömung erfasst und aus dem Bild gerissen wurde.

THE DANCE OF DEATH
(San Pedro)
75
3

VII. WASSER REGNET SCHLAF
Epilog

1

»Erhaben ist, was auch nur denken zu können ein Vermögen des Gemüts beweist, das jeden Maßstab der Sinne übertrifft«, schrieb Kant in seiner *Kritik der ästhetischen Urteilskraft* und setzte hinzu: »Wer wollte auch ungestalte Gebirgsmassen, in wilder Unordnung übereinander getürmt, mit ihren Eispyramiden, oder die düstere tobende See usw. erhaben nennen?«
Noch zu Kants Lebzeiten, vor allem aber in den Jahrzehnten nach seinem Tod wurde das, was der Philosoph der Aufklärung aus seiner Ästhetik hatte ausschließen wollen, zu einem nicht bloß marginalen, sondern zentralen Thema der Kunst: Man denke an Maler wie William Turner, Johann Heinrich Füssli oder Caspar David Friedrich, dessen berühmtes Bild *Das Eismeer* die von Kant genannten Beispiele – Eispyramiden und tobende See – zusammenführt und wie eine Illustration zu einem Roman von Edgar Allen Poe wirkt. Dabei lag *The Narrative of Arthur Gordon Pym* noch nicht vor, als das Gemälde entstand, und dieses war eher eine Allegorie auf das Scheitern von Caspar David Friedrichs Lebensplan. Analog dazu fand in den zwanziger Jahren des 19. Jahrhunderts die bisher nur mündlich überlieferte Legende vom *Fliegenden Holländer* Eingang in die deutschsprachige Literatur. Der Kulturphilosoph Manfred Frank charakterisiert diesen Prozess so:

> Die kollektive Phantasie der Seefahrer erblickt eines Tages das Gespenst des Fliegenden Holländers (...) Ziellos, mit beschädigtem oder weggespültem Steuer und zuweilen ohne lebende Besatzung, geistert es (...) über die Fluten und verhängt über den, der es kreuzt, den Fluch der Ziellosigkeit und des Todes bei Lebzeiten.

Ein romantisches Thema, wie man sieht, und in seiner detailfreudigen und kenntnisreichen Studie legt Manfred Frank die historischen Wurzeln dieser Denkfigur bloß und deckt ihre Querverbindungen und Verästelungen auf im Sinne eines Rhizoms, das sich unterirdisch fortzupflanzen und selbsttätig fortzuzeugen scheint:

> Motive besitzen nämlich vermöge ihrer strengen Strukturiertheit die Fähigkeit, (...) in größeren Textzusammenhängen in wiedererkennbarer Weise aufzutauchen und aus sich heraus Kontexte aufzubauen (...). Die fortwährende Wirksamkeit jener Baupläne und Operationsschemata zu entdecken (...), ist ein wesentliches Interesse jeder kulturhistorischen (und also auch literaturwissenschaftlichen) Forschung.

So auch hier: Einerseits geht es mir darum, dass der geschichtliche Prozess sich in Kunstwerken niederschlägt, die wiederum selbständige Entwicklungen aus sich hervortreiben. Andererseits geht es um die überzeitliche Wirkung von Kunst, Musik und Literatur, die deren Schöpfern, aber auch den Betrachtern, Hörern oder Lesern ein Gefühl existentieller Betroffenheit vermittelt: »Tua res agitur« heißt der lateinische Fachausdruck dafür, oder wie in Rilkes Sonett *Archaischer Torso Apolls*: »Du musst dein Leben ändern«. Den Doppelcharakter des Kunstschaffens hat der Philosoph Martin Heidegger in seiner späten Schrift *Der Ursprung des Kunstwerks* so definiert:

> Die Kunst ist das Ins-Werk-Setzen der Wahrheit. (...) Das heißt nicht nur: die Kunst hat eine Geschichte in dem äußerlichen Sinne, dass sie im Wandel der Zeiten neben vielem anderen auch vorkommt und sich dabei verändert und vergeht und der Historie wechselnde Anblicke darbietet. Die Kunst ist Geschichte in dem wesentlichen Sinne, dass sie Geschichte gründet.

Die Throne der Mächtigen seien auf Poesie gebaut, meinte Leopold von Ranke, und diese Einsicht ist wörtlich zu nehmen mit Blick auf das alte China, dessen Kaiser – bis hin zu Mao Zedong – sich auch als Dichter betätigten. Im Reich der Mitte war die Beamtenlaufbahn mit Lyrik gepflastert, und jeder Bewerber für den Staatsdienst musste einen aus acht Teilen bestehenden, literarischen Essay schreiben. Die Kaste der Mandarine, »satt zu herrschen, müd zu dienen«, wie es bei Goethe heißt, steht für eine Sonderform bürokratischer Herrschaft, die Max Weber als Verwaltung durch Literaten bezeichnet hat. Für unser Thema von Belang ist die Tatsache, dass China zur Zeit der Ming-Dynastie, im 14./15. Jahrhundert also, eine schlagkräftige Handels- und Kriegsflotte besaß und an der Schwelle zur Kolonialmacht stand, bis die Landpartei die Oberhand über die Seepartei gewann und der Kaiser die Schiffe verbrennen ließ. In Carl Schmitts 1942 bei Reclam publiziertem Buch *Land und Meer* bleibt diese Tatsache unberücksichtigt: Kein Wunder, denn das Denken des konservativen Juristen war nicht bloß eurozentrisch, sondern auf Deutschland fokussiert, dessen bis dahin unaufhaltsamer Vormarsch an allen Fronten, von Russland bis Nordafrika, damals ins Stocken geriet. Bei Licht betrachtet ist *Land und Meer* keine »weltgeschichtliche Betrachtung«, wie sie der Untertitel verheißt, sondern eine Propagandabroschüre, die an den Durchhaltewillen der

Deutschen appelliert, mit klar erkennbarer antibritischer und antijüdischer Tendenz:

> Die Kabbalisten sagen nun, der Behemoth bemühe sich, den Leviathan mit den Hörnern oder Zähnen zu zerreißen, der Leviathan dagegen halte mit seinen Fischflossen dem Landtier Maul und Nase zu (...). So töten sich, meinen diese Juden, die beiden kämpfenden Mächte gegenseitig. Die Juden aber, sagen sie weiter, stehen daneben und sehen dem Kampfe zu. Sie essen das Fleisch der sich gegenseitig tötenden Tiere (...) und feiern ein festliches, tausendjähriges Gastmahl. So deuten die Juden die Weltgeschichte.

Als Carl Schmitt diese Sätze schrieb, tobte die Luftschlacht um England, parallel zum U-Boot-Krieg im Atlantik, und in Auschwitz und anderswo lief die Judenvernichtung auf Hochtouren. Zurückversetzt in den historischen Kontext, verliert der geopolitische Diskurs seine Unschuld, falls er die jemals besaß. Kein Zweifel, Carl Schmitt ist ein origineller Denker und brillanter Stilist, aber seine Vorstellungen von Land und Meer, Raumordnung und Raumrevolution waren anschlussfähig an die NS-Ideologie und den von Goebbels proklamierten »totalen Krieg«. Dem von Schmitt zitierten Diktum des Heraklit: »Krieg führt zusammen, und Recht ist Streit«, hätte auch Hitler zugestimmt, und der Essay endet mit einer Prophetie, die vor dem Hintergrund brennender Städte und rauchender Krematorien nachgerade zynisch klingt: »Auch in dem grausamen Krieg alter und neuer Kräfte entstehen gerechte Maße und bilden sich sinnvolle Proportionen.«

Das Gegenbuch zu *Land und Meer* stammt von dem Philosophen Hans Blumenberg und trägt den Titel *Schiffbruch mit Zuschauer – Paradigma einer Daseinsmetapher*. Anders als in Carl Schmitts Traum von Welteroberung und Weltherrschaft, dessen Verwirklichung kein bloßes Phantasma, sondern greifbar nahe zu sein schien, stellt Blumenberg sich auf die Verliererseite, als Schiffbrüchiger und Zuschauer zugleich – Katastrophentourist heißt der modische Ausdruck dafür:

> Der Schiffbruch ist in diesem Vorstellungsfeld so etwas wie die legitime Konsequenz der Seefahrt (...). Die Kontraposition von festem Land und unstetem Meer als die für das Paradox der Daseinsmetaphorik leitende Schematik lässt erwarten, dass (...) dem Schiffbruch auf dem Meere der unbetroffene Zuschauer auf dem festen Lande zugeordnet wird.

Dass die abendländischen Werte Schiffbruch erlitten hatten, wurde nicht erst im Zweiten Weltkrieg offenbar. Lange vor Stalingrad oder Verdun, ja noch früher, im Krimkrieg und im amerikanischen Sezessionskrieg, setzte der Staatsbankrott der Werte ein, die, in Sonntagsreden beschworen, zu nichts mehr verpflichteten, ein Prozess, den Blumenberg, analog zum Fortschritt der Technik, ins Bild des Schiffsuntergangs fasst: »Das 19. Jahrhundert war in quantitativer Betrachtung sicher die Epoche der Schiffbrüche. Die Natur manifestierte sich bis zum Untergang der ›Titanic‹ mit ihrer Gewalt überzeugender als jemals zuvor; allein England verlor in diesem Jahrhundert jährlich 5000 Menschen bei Schiffsuntergängen (...), denen William Turner ein letztes furioses Denkmal romantischer Todessehnsucht gesetzt hatte.«

Nicht nur das deutsche Bürgertum, auch das Proletariat hat den Werteverfall hautnah erlebt, als die Sozialdemokratie den Kriegskrediten des Kaisers zustimmte und Freiheit, Gleichheit, Brüderlichkeit so wenig zählten wie internationale Solidarität. Von Büchner und Heine bis zu Nietzsche und Spengler, Benn und Brecht schien der

Untergang des Abendlands beschlossene Sache, die Berufung auf humane Werte nur noch als Humanitätsduselei oder Lachnummer möglich zu sein. Blumenberg legt dar, dass dies schon immer so war. Der Schiffbruch als Denkfigur ist so alt wie Europas Kultur und schreibt sich von den alten Griechen durch die Spätantike und das christliche Mittelalter in die Neuzeit hinein fort: Eine Daseinsmetapher und zugleich ein Gründungsmythos, der die Menschheit auf ihrem langen Marsch durch die Geschichte begleitete, ohne ganz in dieser aufzugehen, weil der Schiffbruch nicht bloß für historisch-politisches, sondern auch für individuelles Scheitern steht.

> Der Zuschauer genießt nicht die Erhabenheit der Gegenstände, die ihm seine Theorie erschließt, sondern das Selbstbewußtsein gegenüber dem Atomwirbel, aus dem alles besteht, was er betrachtet - sogar er selbst.

Trotz oder wegen seiner jüdischen Wurzeln stand Blumenberg nicht nur der Phänomenologie von Husserl, sondern auch der Ontologie Heideggers nahe und war ein Mittler zwischen Philosophie und Literaturwissenschaft. Für den russisch-amerikanischen Dichter Joseph Brodsky hingegen, ebenfalls jüdischer Herkunft, waren Kunst und Literatur mehr als bloße Daseinsmetaphern. Vielmehr sind sie letzter Halt und einzig verbliebener fester Grund in einer vom Totalitarismus verwüsteten Landschaft, die der russische Regisseur Andrej Tarkowski in seinem Film *Stalker* als nuklear verseuchte Zone porträtiert hat. Deshalb plädiert Brodsky in seiner Nobelpreisrede 1987 für den Vorrang der Literatur gegenüber der Politik:

> Die Philosophie des Staates, seine Ethik - ganz zu schweigen von seiner Ästhetik - stammen immer von gestern; die Sprache der Literatur dagegen kommt immer aus dem Heute (...)

> Einer der größten Vorzüge der Literatur liegt darin, dass sie dem Menschen dazu verhilft, seine Existenz als spezifische Zeit zu erleben, und (...) die Tautologie zu vermeiden, »Opfer der Geschichte« zu sein, wie es euphemistisch heißt.

Die Aufgabe der Schriftsteller sieht Joseph Brodsky darin, den Reichtum der von der Diktatur zerstörten und von der Konsumgesellschaft nivellierten Kultur der Vergangenheit wiederherzustellen – nicht im Sinn von rückwärtsgewandtem Klassizismus, sondern auf gleicher Augenhöhe mit Dichtern wie Ossip Mandelstam und Anna Achmatowa – um nur diese Namen zu nennen. Und es ist kein Zufall, dass er sich ausgerechnet Venedig zur Wahlheimat erkor, einen utopischen und gleichzeitig realen Ort, der ihn an seine Geburtsstadt Petersburg erinnerte – der Name Leningrad kommt in Brodskys Werk nicht vor, so wenig wie das Wort Sowjetunion. Hier schließt sich der Kreis, denn die Sätze über das Fließen des Wassers und das Vergehen der Zeit, mit denen er sein Venedig-Buch beschließt, sind mehr als nur poetische Metaphern – sie resümieren und rekapitulieren all das, was ich auf den vorangegangenen Seiten am Beispiel von Toten- und Geisterschiffen darzulegen versucht habe:

> Ich wiederhole: Wasser ist gleich Zeit und bietet der Schönheit ihr Double. Teils aus Wasser bestehend, dienen wir der Schönheit auf dieselbe Weise. Indem sie das Wasser striegelt, hebt die Stadt das Aussehen der Zeit, verschönert sie die Zukunft. Das ist die Rolle dieser Stadt im Universum. Weil die Stadt statisch ist, während wir uns bewegen. Die Träne ist der Beweis dafür. Weil wir abtreten und die Schönheit bleibt. (...) Dasselbe gilt für die Liebe, denn auch die Liebe ist größer als man selbst.

2

Wer Joseph Brodskys Anschauung ernst nimmt, wonach die Dichtung keine Illustration abstrakter Ideen, sondern ein eigenständiger Weg zur Erkenntnis der Wahrheit ist – wer so denkt, kommt nicht umhin, einen Blick auf die deutsche Lyrik zu werfen, in der sich eine spezielle Variante der Totenschiff-Tradition herausgebildet hat. Obwohl Goethe in der Terminologie von Carl Schmitt kein »Seeschäumer«, sondern ein »Landtreter« war, hat er in allen Phasen seines Lebens und Schaffens dem Meer gehuldigt, das er erst spät, in Italien, mit eigenen Augen erblickte: »Hat man sich nicht ringsum vom Meere umgeben gesehen,« notiert Goethe am 3. April 1787 in Palermo, »so hat man keinen Begriff von Welt und von seinem Verhältnis zur Welt.« Beispielhaft dafür ist ein 1796 in Schillers *Horen* erstmals gedrucktes Gedicht, das angesichts des dem Menschen fremden Elements ein Gefühl latenter Bedrohung evoziert, weil aus nautischer Sicht die Flaute nicht weniger gefährlich ist als der auf sie folgende Sturm:

Tiefe Stille herrscht im Wasser,
Ohne Regung ruht das Meer,
Und bekümmert sieht der Schiffer
Glatte Fläche rings umher.
Keine Luft von keiner Seite!
Todesstille fürchterlich!
In der ungeheuern Weite
Reget keine Welle sich.

Das Gegenbild dazu heißt *Glückliche Fahrt* mit dem optimistischen Fazit: »Es naht sich die Ferne; / Schon seh ich das Land« – beide Texte werden stets zusammen abge-

druckt. Darüber hinaus weist *Meeresstille* überraschende Parallelen zu *Wanderers Nachtlied* auf, das Goethe 1780 bei Ilmenau in die Bretterwand einer Holzhütte ritzte, endend mit den berühmten Versen: »Die Vögelein schweigen im Walde. / Warte nur balde / Ruhest du auch.«
Ähnliches gilt für Goethes Ballade *Der Fischer*, die wie eine maritime Version des *Erlkönig* klingt, mit der Schlusszeile: »Halb zog sie ihn, halb sank er hin, / Und ward nicht mehr gesehn«.
Im Gespräch mit seinem Sekretär Eckermann hat Goethe am 3. November 1823 den Text erläutert:

> Da malen sie z. B. meinen »Fischer« und bedenken nicht, dass sich das gar nicht malen lasse. Es ist ja in dieser Ballade bloß das Gefühl des Wassers ausgedrückt, das Anmutige, was uns im Sommer lockt, uns zu baden; weiter liegt nichts darin.

Das ist ein klassisches Understatement, denn Goethes *Fischer* gab das Stichwort zu einer Vielzahl romantischer Verse über Seejungfrauen, Nixen und Najaden, von Heines *Loreley* bis zu Brentanos *Auf dem Rhein*:

Ein Fischer saß im Kahne,
Ihm war das Herz so schwer,
Sein Lieb war ihm gestorben,
Das glaubt er nimmermehr.
(...)
Ein Schwälblein strich vorüber
Und netzte seine Brust,
Woher, wohin geflogen,
Das hat kein Mensch gewusst.
(...)
Der Knabe liegt im Kahne,
Lässt alles Rudern sein,

Und treibet weiter, weiter
Bis in die See hinein.

Obwohl dies nur drei von 23 Strophen sind, macht schon der kurze Auszug klar, dass Brentano hier alle Ingredienzen des Totenschiff-Motivs versammelt hat: Fließendes Wasser, Liebe, Tod und unendliche Fahrt. Der Albatros aus dem *Ancient Mariner* von Coleridge ist zur Schwalbe geworden, und wie die Spinnerinnen in Wagners *Fliegendem Holländer* singen die Nonnen am Ufer eine Seelenmesse für die tote Geliebte:

Da will er sie erwecken,
Dass sie die Freude hör,
Er schaut zu ihr hinüber
Und findet sie nicht mehr.

Das ist Rheinromantik pur, deren literarisches Echo in Mörikes *Historie von der schönen Lau* ebenso zu vernehmen ist wie in H. C. Andersens Märchen *Den lille havfrue* (Die kleine Meerjungfrau), die ähnlich wie die Loreley zur touristischen Attraktion und zum Wahrzeichen von Kopenhagen wurde.
Kein anderer deutschsprachiger Autor hat mehr formvollendete Gedichte über Brunnen, Kanäle, Flüsse und Seen geschrieben als der Schweizer Conrad Ferdinand Meyer, der zu Unrecht als Klassizist oder Epigone der Romantik gilt: Die Aktualität seines Werks erschließt sich erst, wenn man ihn als Zeitgenossen von Baudelaire und Vorläufer der am Horizont aufdämmernden Moderne betrachtet. Die Grundstimmung seiner Lyrik ist durch nichts erhellte, trostlose Melancholie – heute würde man von Depression sprechen:

Meine eingelegten Ruder triefen,
Tropfen fallen langsam in die Tiefen.
Nichts, das mich verdross!
Nichts, das mich freute!
Niederrinnt ein schmerzenloses Heute.

Die Verse erinnern an Goethes *Meeresstille* – mit dem Unterschied, dass dort die Lebensbejahung über die Todessehnsucht triumphiert, während Conrad Ferdinand Meyer wie in einem barocken *Memento mori* das Leben vom Tode her denkt: »Wir Toten, wir Toten sind größere Heere / Als ihr auf der Erde, als ihr auf dem Meere«, lautet ein charakteristischer Vers, und sein Venedig-Gedicht *Auf dem Canal Grande* endet mit der Strophe:

Eine kleine kurze Strecke
Treibt das Leben leidenschaftlich
Und erlischt im Schatten drüben
Als ein unverständlich Murmeln.

Das Wasser ist hier mehr als nur ein neutrales Medium, es ist das Agens des Geschehens, eine Metapher für die Vergänglichkeit und Vergeblichkeit aller menschlichen Bemühungen. Kein Wunder, dass Geister- und Totenschiffe den Lebensweg C. F. Meyers kreuzten, der wie sein Wahlverwandter Nikolaus Lenau in geistiger Umnachtung starb:

Jüngst im Traume sah ich auf den Fluten
Einen Nachen ohne Ruder ziehn, (...)
Saßen Knaben drin mit Lotoskränzen,
Mädchen beugten über Bord sich schlank, (...)
Flehend küsst ich dich in wildem Harme,

Die den bleichen Mund mir willig bot,
Da zerrannst du lächelnd mir im Arme
Und ich wusst es wieder – du bist tot.

Es ist, als hätten Goethe und Heine, Brentano und C. F. Meyer Variationen ein- und desselben Texts geschrieben, der Anfang des 20. Jahrhunderts in expressionistisch verschärfter Version wieder aus dem Fluss des Vergessens auftaucht – der Ausdruck ist wörtlich zu nehmen:

Im Haar ein Nest von jungen Wasserratten,
Und die beringten Hände auf der Flut
Wie Flossen, also treibt sie durch den Schatten
Des großen Urwalds, der im Wasser ruht

dichtete Georg Heym, bevor er im Januar 1912 bei dem Versuch, seinen ins Eis eingebrochenen Freund Ernst Balcke zu retten, in der Havel ertrank: Ein früh vollendeter Dichter und wilhelminischer »rebel without a cause«. Fünfzehn Jahre später, in Brechts *Hauspostille*, wird der Schock gemildert und die Bürgerschreckpose konterkariert durch die Erinnerung an Rosa Luxemburg, die, von Freikorpsleuten ermordet, den Landwehrkanal hinabtrieb:

Als sie ertrunken war und hinunterschwamm
Von den Bächen in die größeren Flüsse
Schien der Opal des Himmels sehr wundersam
Als ob er die Leiche begütigen müsse.

Ungewöhnlich ist, dass der sonst so kaltschnäuzige Brecht die Tote mit Gott konfrontiert und dabei einen Hauch von christlicher Pietät spüren lässt:

Als ihr bleicher Leib im Wasser verfaulet war,
Geschah es (sehr langsam), dass Gott sie allmählich vergaß
Erst ihr Gesicht, dann die Hände und ganz zuletzt erst ihr
Haar.

In jüngster Zeit hat Christoph Meckel das Ophelia-Motiv literarisch wiederbelebt und dem Stoff neue Aspekte abgewonnen, die in keiner früheren Bearbeitung vorkamen. Nicht vom Tod der Geliebten ist in Meckels Gedicht die Rede, sondern vom Tod der Liebe, prosaischer ausgedrückt vom Umschlag erotischer Faszination in Widerwillen und Ekel, der mit dem Ende einer Beziehung einhergeht. Klaus Theweleit hat gezeigt, dass und wie Männerphantasien das obskure Objekt ihrer Begierde mit Faulschlamm, Brackwasser und blutigem Morast assoziieren – auch das wird hier mit bedacht:

Und ich dring ein, wo vor mir
die Ratte war
küsse die Zähne
hinter geplatzten Lippen
und sie dehnt sich faulig, und wärmer
wird ihre Hand an meinem Bein.
Wer folgt wem, in welches Bett
wenn die Liebe um ist.

Das weibliche Gegenstück zur grauen Eminenz ist die große alte Dame, und ich beende den Streifzug durch die deutschsprachige Poesie mit dem Gedicht *Eia Wasser regnet Schlaf* der Lyrikerin Elisabeth Borchers, das bei seinem Erscheinen 1960 Unverständnis und Empörung auslöste, für Totenschiff-Passagiere aber leicht zu entschlüsseln ist. Die Verse sind alles zugleich: Traumtext und

Wiegenlied, Seemanns-Song und Rimbaud-Parodie, Schwundstufen einer Metapher und Treibgut von einem im Meer verschollenen Geisterschiff:

was sollen wir mit dem ertrunkenen matrosen tun?
wir ziehen ihm die stiefel aus
wir ziehen ihm die weste aus
und legen ihn ins gras
mein kind im fluss ists dunkel
mein kind im fluss ists nass
was sollen wir mit dem ertrunkenen matrosen tun?
wir ziehen ihm das wasser an
wir ziehen ihm den abend an
und tragen ihn zurück
mein kind du musst nicht weinen
mein kind das ist nur schlaf
was sollen wir mit dem ertrunkenen matrosen tun?
wir singen ihm das wasserlied
wir sprechen ihm das grasgebet
dann will er gern zurück

LITERATURVERZEICHNIS

Assmann, Jan und Kucharek, Andrea: *Ägyptische Religion*, Frankfurt a. M. 2008

Baudelaire, Charles: »Le voyage. Un voyage à Cythère«, in: Ch. B.: »Les fleurs du mal«, 1857; in: *Œuvres Complètes*, hg. von Claude Pichois, La Pléiade, Gallimard, Paris 1975

Blumenberg, Hans: *Schiffbruch mit Zuschauer. Paradigma einer Daseinsmetapher*, Suhrkamp Verlag, Frankfurt a. M. 1979

Brodsky, Joseph: *Ufer der Verlorenen*, aus dem Amerikanischen von Jörg Trobitius, Fischer Taschenbuch Verlag, Frankfurt a. M. 2009

Coleridge, Samuel Taylor: »The Rime of the Ancient Mariner«, 1798; in: *The Oxford Book of English Verse*, edited by Arthur Quiller-Couch, Oxford University Press, London 1949

Enzensberger, Hans Magnus: *Der Untergang der Titanic. Eine Komödie*, Suhrkamp Verlag, Frankfurt a. M. 1978

Fontane, Theodor: »Der Stechlin«, in: *Sämtliche Werke*, Bd. 5, hg. von Walter Keitel, München 1966

Fontane, Theodor: *Der Schleswig-Holsteinische Krieg im Jahre 1864*, Frankfurt a. M./Berlin/Wien 1981

Frank, Manfred: *Die unendliche Fahrt. Ein Motiv und sein Text*, Suhrkamp Verlag, Frankfurt a. M. 1979

Goering, Reinhard: »Seeschlacht«, 1917; In: R. G.: *Seeschlacht. Drei Stücke*, Deutscher Taschenbuch Verlag, München 1966

Grass, Günter: *Im Krebsgang. Eine Novelle*, Steidl Verlag, Göttingen 2002

Hauff, Wilhelm: »Die Geschichte von dem Gespensterschiff«, 1825; in: W. H.: *Die Karawane. Alle Märchen*, vollständige Ausgabe, Nachwort von Tilmann Spreckelsen, Aufbau Taschenbuch Verlag, Berlin 2002

Heine, Heinrich: »Der fliegende Holländer«, in: »Aus den

Memoiren des Herren von Schnabelewopski«, 1834, in: H. H.: *Sämtliche Schriften*, hg. von Klaus Briegleb, Carl Hanser Verlag, München 1976
Hübner, Alfred: *Das Weltbild im Drama Paul Zechs*, Bern/Frankfurt a. M. 1975
Kafka, Franz: »Der Jäger Gracchus«, 1917; in: F. K.: *Sämtliche Erzählungen*, hg. von Paul Raabe, Fischer Taschenbuch Verlag, Frankfurt a. M. 1977
Loschütz, Gert: *Dunkle Gesellschaft. Roman in zehn Regennächten*, Frankfurter Verlagsanstalt, Frankfurt a. M. 2005
Mann, Thomas: »Der Tod in Venedig«, 1913; in: Th. M.: *Der Tod in Venedig und andere Erzählungen*, Fischer Taschenbuch Verlag, Frankfurt a. M. 2003
Mayer, Hans: *Richard Wagner in Selbstzeugnissen und Bilddokumenten*, Rowohlt, Reinbek 1979
Melville, Herman: »Benito Cereno«, 1855; in: H. M.: *Piazza Tales*, New York 1856; deutsch in: H. M.: *Meistererzählungen*, übersetzt von Günther Steinig, Nachwort von Hans-Rüdiger Schwab, Diogenes Verlag, Zürich 2011
Morenz, Siegfried: *Gott und Mensch im alten Ägypten*, Leipzig 1984
Nietzsche, Friedrich: »Der Fall Wagner«, 1888; in: F. N.: *Aus dem Nachlass 1883/88. Der Fall Wagner, Nietzsche contra Wagner, Ecce homo*, Alfred Kröner Verlag, Leipzig 1923
Noteboom, Cees: *Die folgende Geschichte (Het volgende verhaal)*, deutsch von Helga van Beuningen, Suhrkamp Verlag, Frankfurt a. M. 1991
Poe, Edgar Allen: *The Narrative of Arthur Gordon Pym*, 1838; deutsch: *Die denkwürdigen Erlebnisse des Arthur Gordon Pym*, übersetzt von Georg und Erika Pfuhl, Nachwort von Walther Killy, Fischer Bücherei, Frankfurt a. M./Hamburg 1962
Rehn, Jens: *Nichts in Sicht*, 1954; Schöffling Verlag, Frankfurt a. M. 2003
Rimbaud, Arthur: »Le bateau ivre«, 1871; in: A. R.: *Œuvres Complètes*, hg. von Aurélia Cervoni und André Guyaux, La Pléiade, Gallimard, Paris 2009

Schmitt, Carl: *Land und Meer. Eine weltgeschichtliche Betrachtung*, 1942; Reclam Verlag, Leipzig 1942, Klett-Cotta Verlag, Stuttgart 2011

Schnabel, Ernst: *Das Floß der Medusa. Text zum Oratorium von H. W. Henze. Zum Untergang einer Uraufführung*, Piper Verlag, München 1969

Traven, B.: *Das Totenschiff. Die Geschichte eines amerikanischen Seemanns*, 1926; Rowohlt Taschenbuch Verlag, Hamburg 1963

Wagner, Richard: *Der fliegende Holländer*, 1843; Textbuch mit Varianten der Partitur, hg. von Egon Voss, Reclam Verlag, Ditzingen 2004

Weiss, Peter: *Die Ästhetik des Widerstands 1 & 2. Roman*, Suhrkamp Verlag, Frankfurt a. M. 1976, 1978

BILDNACHWEISE